Kinderschutz zwischen Wald und Wiese

Schutzkonzepte gegen sexuellen Missbrauch in Waldkindergärten

Anja Bawidamann, Yvonne Oeffling, Petra Straubinger, Miriam Zwicknagel

AMYNA e. V. (Hg.)

Impressum

Bibliografische Information der Deutschen Nationalbibliothek: Die Deutsche Nationalbibliothek verzeichnet diese Publikation in der Deutschen Nationalbibliografie; detaillierte bibliografische Daten sind im Internet über dnb.dnb.de abrufbar.

ISBN Print-Ausgabe: 978-3-934735-21-7

ISBN E-Book-Ausgabe: 978-3-934735-22-4

Titel: Kinderschutz zwischen Wald und Wiese. Schutzkonzepte gegen sexuellen Missbrauch in Waldkindergärten

Herausgeberin: AMYNA e. V., Orleansstraße 4 | Haus D, 81669 München,
Tel.: (089) 890 57 45 - 100, Fax (089) 890 57 45 - 199, E-Mail: info@amyna.de

Autorinnen: Anja Bawidamann, Yvonne Oeffling, Petra Straubinger, Miriam Zwicknagel (alle AMYNA e. V.)

Redaktion und Bearbeitung: Christine Rudolf-Jilg, AMYNA e. V.

Lektorat: Anna Singer, münchen lektorat

Layout und Satz: eolas informationsdesign GmbH. München

Umschlaggestaltung: designergold – Büro für Gestaltung, Julia Kessler, München

Herstellung: BoD – Books on Demand, Norderstedt. www.bod.de

Das Institut zur Prävention von sexuellem Missbrauch und GrenzwertICH werden unterstützt durch die Landeshauptstadt München.

Dieses Buch wurde ermöglicht mit der freundlichen Unterstützung durch das Bündnis für Kinder. Gegen Gewalt.

.

Inhalt

Christine Rudolf-Jilg

Vorwort

Liebe Leserin, lieber Leser,

Prävention in Waldkindergärten? Warum braucht es da ein eigenes Buch?

Das haben auch unsere Kolleginnen gefragt, als wir erstmals 2018 von unserem Plan berichteten, dieses Buch herausgeben zu wollen.

Prävention von sexuellem Missbrauch ist eine gesamtgesellschaftliche Herausforderung. Orte, an denen sich Kinder und Jugendliche aufhalten, dürfen keinen Raum für Missbrauch bieten. Auch Waldkindergärten sind daher gefordert, Schutzkonzepte zu entwickeln. Leider lassen sich gängige Empfehlungen zu Schutzkonzepten für diese spezielle Form der Kinderbetreuung an vielen Stellen nicht übertragen. Insbesondere Fragen zu Nähe und Distanz sind häufig andere als in einer üblichen Kita, wie wir in zahlreichen durchgeführten Fortbildungen für Waldkitas festgestellt haben.

Mit dieser Veröffentlichung wollen wir nun eine kleine „Übersetzungshilfe" leisten und Waldkitas bei der Entwicklung von präventiven Strukturen über unsere Fortbildungen hinaus unterstützen. Denn auch Mitarbeiter*innen in Waldkitas benötigen passgenaue und praxisrelevante Informationen, die verständlich aufbereitet sind. Hier möchte das Buch eine bislang noch bestehende Lücke schließen.

Ziel des Buches ist es, verantwortliche Leitungen und Mitarbeitende in Waldkindergärten über die relevanten Themen der Prävention, die ihr Handlungsfeld betreffen, differenziert zu informieren und Handlungsräume aufzuzeigen, wie Präventionsmaßnahmen in Waldkindergärten umgesetzt werden können.

Im ersten Artikel erläutern Anja Bawidamann und Yvonne Oeffling die wichtigsten Bestandteile eines Schutzkonzeptes zur Prävention sexueller Gewalt. Ergänzt wird jeder Baustein durch Beispiele, wie dies auf die Praxis in einem Waldkindergarten angepasst werden kann. Sowohl strukturelle Präventionsbausteine als auch die Beziehungsarbeit zu den Kindern und abschließend die Elternarbeit werden praxisnah beleuchtet.

Miriam Zwicknagel und Petra Straubinger bearbeiten im zweiten Artikel „Kleine Forscher*innen liebevoll begleiten" die Frage nach angemessener Nähe und Distanz zu den betreuten Kindern. Dabei werden u. a. folgende Stichworte bearbeitet: Kinderrechte, stabile Bindungen, Selbstreflexion und Schutzvereinbarungen. Auch hier ergänzen Praxisbeispiele die theoretische Bearbeitung.

Beide Autorinnen erläutern im dritten Kapitel dann unter dem Titel „Schnecken beobachten oder Bilder malen", wie Präventionsarbeit mit Kindern direkt aussehen kann. Was müssen Mitarbeiter*innen tun, damit Kinder z. B. Gefühle wahrnehmen können und erleben, dass ihre eigenen Gefühle wichtig sind? Wie können wir Kindern einen geeigneten Wortschatz geben und was können wir vor allem tun, damit Kinder uns von erlebter sexueller Gewalt berichten können?

Prävention von sexuellem Missbrauch muss auch von Leitungskräften gewollt sein und gestaltet werden. Das ist der Grundgedanke, den Yvonne Oeffling und Anja Bawidamann mit ihrem Artikel „Vom Einstellungsgespräch in der Jurte" verfolgen. Was bedeutet die geforderte „Rollenklarheit"? Wie lassen sich Veränderungsprozesse hin zu einem umfassenden Schutzkonzept des Waldkindergartens gut steuern? Viele Erfahrungen der beiden Autorinnen fließen in diesen Text ein und geben Hinweise für Einrichtungsleitungen, aber auch für Vorstände von Trägervereinen.

Nach einem Fazit finden unsere Leser*innen im Anhang des Buches u. a. Kriterien für die Auswahl geeigneter Bilderbücher sowie externer Präventionsangebote, die sich direkt an Kinder wenden.

Wir danken allen, die zum Gelingen dieses Buches beigetragen haben, und wünschen Ihnen, unseren Leserinnen und Lesern, viel Spaß und Freude am Lesen, vor allem aber an der Prävention von sexuellem Missbrauch.

Denn: Prävention soll Spaß machen und ermutigen, statt Angst auszulösen! Gute Prävention versteht die Kunst, komplexe Inhalte und umfangreiches Wissen so zu vermitteln, dass Lösungswege und Ansatzpunkte im eigenen Leben sichtbar werden. Gute Prävention gibt Kraft und Energie zum langfristigen, differenzierten Schutz von Mädchen* und Jungen*, ohne auf schnelle einfache Rezepte zu setzen.

Unser ganz besonderer Dank geht diesmal an die Stiftung „Bündnis für Kinder. Gegen Gewalt“, die den Druck des Buches finanziert hat.

Christine Rudolf-Jilg
AMYNA e. V.

Anja Bawidamann, Yvonne Oeffling

Prävention bei Wind und Wetter

Schutzkonzepte in Waldkindergärten

Die Diskussion um Schutzkonzepte und Angebote der Prävention ist mittlerweile nicht mehr aus der öffentlichen Debatte wegzudenken, zahlreiche Kinderschutz- und Betroffenenorganisationen weisen auf die Notwendigkeit einer Verankerung präventiver Maßnahmen hin. Auch Kindertageseinrichtungen sind gefordert, sich nachhaltig für den Kinderschutz innerhalb ihrer Institution zu engagieren. Mit mehr als 730 Einrichtungen deutschlandweit decken Waldkindergärten einen Bereich der frühkindlichen Betreuung, Bildung und Erziehung (FBBE) ab und sind längst keine „Exoten" mehr. Sie stehen im Einklang mit dem hohen Anspruch des Kinder- und Jugendhilfegesetzes (vgl. Schwarz 2017, S. 13 f.) und somit auch vor der Frage, wie ein Schutzkonzept für ihre Institution aussehen kann. Aber wie geht das konkret? Welche Maßnahmen sollten ergriffen werden? Wie sieht ein umfassendes Präventionskonzept für Einrichtungen aus?

Der vorliegende Beitrag möchte diesen Fragen schrittweise nachgehen. Nach einem Überblick über Grundlagenwissen zu sexuellem Missbrauch in Institutionen werden im Anschluss die verschiedenen Bausteine eines Schutzkonzeptes erläutert, welche unter den Eckpfeilern „strukturelle Elemente", „Beziehungsarbeit mit Mädchen* und Jungen*" sowie „Elternarbeit" beschrieben werden. Ein Plädoyer für die Inanspruchnahme von externen Hilfen beschließt den Beitrag. Dabei bilden die spezifischen Gegebenheiten von Waldkindergärten das Fundament.

Auf dem Weg zum Schutzkonzept – Bausteine der strukturellen Prävention

Oberstes Ziel der Prävention in Institutionen sollte zum einen die Entwicklung einer präventiven Grundhaltung sein, die die Rechte und Intimsphäre der Kinder achtet und zu einer Grenzen achtenden Kultur beiträgt. Um den Schutz von Kindern herzustellen, muss immer wieder geprüft und gemeinsam gegeneinander abgewogen werden: Welche Rechte haben Kinder und wie können diese für sie erlebbar gemacht werden? Welche Regeln könnte es für den Schutz von Mädchen* und Jungen* geben? Wie können diese beiden Elemente bestmöglich in Übereinstimmung gebracht werden?

Zum anderen geht es bei der Prävention in Einrichtungen um die Entwicklung von Strukturen und Rahmenbedingungen, die sexuellen Missbrauch und Gewalt durch Mitarbeitende deutlich erschweren. In den vergangenen Jahren ist im bundesdeutschen und internationalen Fachdiskurs eine überschaubare Anzahl von aufeinander abgestimmten Bausteinen der institutionellen Prävention entwickelt worden. Diese Bausteine stellen sozusagen „Antworten“ auf das Wissen über das Handeln der Täter und Täterinnen dar. Zusammenfassend werden diese Bausteine als **Schutzkonzept** bezeichnet. Unter einem Schutzkonzept wird also ein passendes System von Maßnahmen verstanden, die für den besseren Schutz von Mädchen* und Jungen* vor sexuellem Missbrauch und Gewalt in einer Institution sorgen. Ein Schutzkonzept ist als Qualitätsmerkmal zu sehen, das die Handlungsspielräume von Täterinnen und Tätern einschränkt und darüber hinaus allen, die im Umgang mit Kindern und Jugendlichen stehen, mehr Handlungssicherheit vermittelt (vgl. Rörig 2015, S. 587 f.). In der einschlägigen Literatur herrscht Einigkeit darüber, dass Schutzkonzepte passgenau sein müssen. Jede Institution ist aufgefordert, ihre Antworten für den Schutz von Mädchen* und Jungen*, die von ihnen betreut werden, zu finden.

Haben Sie schon mal die Begriffe „Schutzkonzept“ und „Waldkitas“ in Kombination gegoogelt? – ein schwaches Ergebnis. Aus unserer Sicht liegt das jedoch nicht daran, dass Waldkindergärten sich prinzipiell nicht für Kinderschutz interessieren oder gar es nicht für nötig halten, sich auf den Weg zu einem Schutzkonzept zu machen. Vielmehr haben die Empfehlungen von Behörden, Fachstellen und Verbänden die spezifischen Gegebenheiten (bislang) nicht im Blick. Wir möchten versuchen, Sie an die Hand zu nehmen und die Bausteine eines Schutzkonzeptes für Waldkitas zu betrachten und Ansatzpunkte zum Weiterarbeiten aufzuzeigen.

Eine Kultur der Achtsamkeit muss man sich erarbeiten! In vielen Artikeln wird von einer Grenzen achtenden Haltung gesprochen, die dem Schutzkonzept zugrunde liegt. Diese kann nur gelingen, wenn Schutzkonzepte gemeinsam mit allen Beteiligten (Mitarbeiter*innen, Eltern, Kinder) entwickelt werden. Durch den Diskurs und über das Ringen um die Handhabung naher pädagogischer Situationen oder Fragen wie „Was finden wir in Ordnung und was geht für uns gar nicht?“ entsteht eine gemeinsame Kultur, die dafür sorgt, dass ein Schutzkonzept nicht ein schönes Papier bleibt, sondern auch im Alltag seine Anwendung findet. Durch die Mitarbeit aller beteiligten Akteur*innen werden die Akzeptanz und die Bekanntheit der entwickelten Maßnahmen verstärkt. Ihre Einbindung in Dienstvereinbarungen, Arbeitsverträge oder Ähnliches sichert die Verbindlichkeit.

Strukturelle Präventionselemente

Die aktuellen wissenschaftlichen Erkenntnisse geben uns Auskunft darüber, dass bestimmte strukturelle Defizite unter anderem Hürden darstellen, um den Kinderschutz in Institutionen zu wahren. Dazu gehören autoritäre bzw. stark hierarchisch organisierte Institutionen, eine fehlende Transparenz der Arbeitsorganisation und das Fehlen von verbindlichen Konzepten zur Prävention von sexuellem Missbrauch (vgl. DJI 2011, S. 169 ff.).

In Form einer Risikoanalyse sind Waldkitas gefordert, diese arbeitsspezifischen Risikofaktoren grundlegend zu reflektieren. Hier einige Beispiele, die helfen können, eine Bestandsaufnahme zu machen (vgl. UBSKM 2013, S. 6):

- Wie werden bei uns Entscheidungen getroffen?
- Wie sieht unsere Hierarchie aus? Welche Machtverhältnisse bestehen in der Einrichtung (zwischen Vorstand, Mitarbeiter*innen, Kindern?)
- Gibt es „Sonderrechte" für einzelne Familien oder Kinder (z. B. die der Vorstandschaft, ...)?
- Gibt es Fachwissen auf allen Ebenen unserer Organisation (Vorstand, Mitarbeitende etc.)?
- Gibt es klar definierte Zuständigkeiten? Werden diese tatsächlich ausgefüllt oder gibt es informelle Strukturen?
- ...

Diese und weitere Fragen können eine gute Entscheidungsgrundlage schaffen, um sich auf den Weg zum Schutzkonzept zu machen und einen Plan zu entwickeln, welche Maßnahmen und Veränderungen in naher Zukunft angestoßen werden sollen und welche einen „längeren Vorlauf" benötigen (vgl. ebd., S. 7).

Allgemein gilt: Klare Regeln und transparente Strukturen bieten Mitarbeiter*innen, Kindern und Eltern Orientierung und einen Qualitätsstandard, wie im Sinne des Kinderschutzes gearbeitet werden soll.

Verankerung von Kinderschutz im Leitbild/Verhaltenskodex

Das Selbstverständnis und die Grundprinzipien einer Organisation werden in einem Leitbild festgelegt. Was ist die Vision unserer Waldkita? Welches Bild vom Kind haben wir? Welche Werte vertreten wir als Träger? All diese Fragen werden in einem Leitbild beantwortet. Dies bietet somit eine Orientierung, auf welchen Grundlagen die Zusammenarbeit innerhalb der Organisation gestaltet werden soll. Ein Leitbild stellt auch den Wertekonsens einer

Organisation dar, somit sollte ein klares Bekenntnis im Sinne der Prävention darin nicht fehlen. Waldkitas sollten in ihren Leitbildern nicht nur die spezifischen Betreuungs- und Organisationsformen in den Blick nehmen, sondern auch verdeutlichen, was Kinderschutz für sie bedeutet. Ausgehend von den Grundaussagen des Leitbildes sollte dann ein Verhaltenskodex abgeleitet werden. In einem solchen Kodex werden kurz und knapp die erwünschten Verhaltensweisen, die sich aus der gemeinsamen Haltungsentwicklung zum Thema Kinderschutz ergeben, zusammengefasst. Damit sind Beschreibungen auf der Verhaltensebene gemeint, zum Beispiel *„Wir beziehen gegen sexistisches, diskriminierendes und gewalttätiges verbales oder nonverbales Verhalten aktiv Stellung. Abwertendes Verhalten wird von uns benannt und nicht toleriert“.*

Ein Verhaltenskodex stellt somit eine grundlegende Richtschnur für alle in der Organisation Tätigen dar, wie eine gemeinsame Kultur der Achtsamkeit – auch im Sinne des Kinderschutzes – gestaltet werden kann und soll. Um ihn als verbindliche Richtlinie zu verankern, sollte er als Teil des Arbeitsvertrags geführt werden. Dazu braucht es ergänzend klare Ausführungen, welche (arbeitsrechtlichen) Konsequenzen auf Regelverstöße gegen klare Handlungsanweisungen im Kodex folgen. Diese können im Krisenleitfaden (s. u.) benannt werden. Nachdem in einer Waldkita häufig eine Vielzahl von Menschen aktiv ist, die keinen Arbeitsvertrag für ihr Engagement in der Einrichtung haben (Eltern, Ehrenamtliche, Praktikant*innen mit externem Ausbildungsvertrag, ...) braucht es auch hier eine Regelung. Unsere Empfehlung ist es, dass alle, die innerhalb der Waldkita in Kontakt mit den Mädchen* und Jungen* stehen, den Verhaltenskodex unterschreiben. Auch ohne Arbeitsvertrag kann es bei Regelverstößen Konsequenzen geben (zum Beispiel Vereinsausschluss, Beendigung des Engagements, ...).

Maßnahmen des Personalmanagements

Aus Forschungen über das strategische Vorgehen von Täterinnen und Tätern sowie aus Berichten betroffener Einrichtungen ist bekannt, dass Täter*innen Institutionen bevorzugen, die kein Fachwissen und keine klare Haltung zum Thema sexueller Missbrauch bzw. sexuelle Gewalt haben. Deshalb ist es wichtig, bereits bei der Personalauswahl und Personalführung Schutzmaßnahmen zu ergreifen. So können schon während Bewerbungsgesprächen Fragen zu einer professionellen Gestaltung von Nähe und Distanz oder zu Wissen über sexuellen Missbrauch gestellt werden. Dies ist ebenfalls wichtig, wenn Eltern Aufgaben des Alltags im Waldkindergarten übernehmen. Der Schutz der Kinder muss durch alle Akteur*innen sichergestellt werden. An dieser Stelle bekommt die Frage „Gibt es Fachwissen auf allen Ebenen der Organisation?“ eine ganz zentrale Bedeutung. Waldkitas sind häufig als Elterninitiativen organisiert, in denen ein ehrenamtlicher Vorstand die Verantwortung (häufig auch die der Personalführung) übernimmt. Bei allen Maßnahmen des Personalmanagements ist also grundlegend zu überlegen, wie die Personalverantwortlichen ausreichend Wissen in der Thematik erlangen können, um diese Maßnahmen überhaupt authentisch umsetzen zu können. Wie funktionieren Übergaben für einen neu gewählten Vorstand? Ist das Thema Prävention da mitgedacht? Diese Fragen sollte eine Waldkita sauber beantworten, damit ein Schutzkonzept nicht mit dem Ende der Legislaturperiode eines Vorstands wieder in der Schublade verschwindet.

Sicherung der Rechte von Mädchen* und Jungen*

Ein weiteres Ziel der Prävention ist es, Kindern einen Raum zu schaffen, in dem sie einen achtsamen und respektvollen Umgang ohne sexuelle Grenzüberschreitungen erleben können. Darüber hinaus suchen sich viele Täter*innen strategisch ein Umfeld, in dem es wenig Gespür dafür gibt, wie ein Grenzen wahrender Umgang miteinander aussieht. Kinderrechte bieten hier eine Richtlinie, wie eine kindgerechte und achtsame Lebenswelt aussehen kann. Wenn Kinderrechte gelebt werden, kann dies also eine präventive Wirkung entfalten.

Für Kinder sollen die Kinderrechte, die in der Einrichtung gelten, in einer dem Alter angemessenen Form vermittelt und ggf. auch veröffentlicht werden – z. B. in Form von Bildern und Symbolen. Für jüngere Kinder wirkt die Erklärung von Kinderrechten allerdings oft abstrakt und wenig greifbar. Gerade deshalb ist es wichtig, dass die

Rechte von Kindern von den Mitarbeiterinnen und Mitarbeitern auch gelebt werden. Wie erleben Kinder beispielsweise ihr Recht auf Privatsphäre? Gibt es in dem gewählten Waldstück ruhigere Ecken bzw. Rückzugsmöglichkeiten und wie ist das mit der Aufsichtspflicht vereinbar? Die teaminterne Bearbeitung und Beantwortung solcher Fragen führt dazu, dass Kinderrechte im Alltag der Mädchen* und Jungen* erlebbar werden.

Partizipation

Partizipation im Sinne von Teilhabe und Mitbestimmung ist nicht nur ein wichtiges Kinderrecht, sondern bildet eine Grundlage der Prävention von sexuellem Missbrauch und Gewalt. Die sorgfältige Auswertung von Fällen von sexuellem Missbrauch und Gewalt innerhalb von Einrichtungen und Institutionen hat gezeigt, dass in vielen dieser Einrichtungen die Strukturen und Entscheidungswege für die Kinder nicht transparent waren und Beteiligungsmöglichkeiten nicht oder nur willkürlich gegeben waren. Mädchen* und Jungen* wurden nicht gehört, Beschwerden und Wünsche nicht berücksichtigt. Tätern und Täterinnen wurde es dadurch leichter gemacht, sexuell zu missbrauchen oder zu misshandeln, ohne befürchten zu müssen, dass die Verantwortlichen in den Einrichtungen ihnen Einhalt gebieten. Eine partizipative Kultur macht für Kinder erfahrbar, dass sie gehört und ernst genommen werden und dass sie ein Recht auf Mitbestimmung haben.

Waldkitas bieten eine Menge Möglichkeiten für Partizipation! *Wo wollen wir heute spielen? Welche Materialien packen wir in den Bollerwagen?* Das sind ganz simple Beispiele, wo Mitbestimmung in der Waldkita anfangen kann. Wichtig dabei ist, dass Partizipation dabei nicht dem Gesetz des Zufalls unterliegt, sondern es klare Strukturen gibt, auf die sich die Mädchen* und Jungen* verlassen können (nach dem Morgenkreis bestimmen alle Kinder und Erzieher*innen gemeinsam, an welchem Platz heute gespielt werden soll, ...). Beteiligungsmöglichkeiten, auf die sich Kinder verlassen können, haben eine präventive Wirkung und lassen sie erfahren, dass ihre Rechte geachtet werden.

Bei der Auswahl der Formen der Partizipation ist es wichtig, darauf zu achten, dass keine Gruppen ausgeschlossen werden. Kinder sollten – unabhängig von Entwicklungsstand, Behinderung, sozialer oder kultureller Herkunft – die Möglichkeit haben, ihren Alltag mit ihren Möglichkeiten mitzugestalten. Mögliche Themenbereiche sind beispielsweise die Wahl der Bezugsperson bei pflegerischer Unterstützung, die Mitbestimmung beim Tagesablauf, die Wahl der Kleidung, die Feier religiöser Feste oder die Gestaltung des Mittagsschlafs.

Beschwerdemanagement

Beschwerdemöglichkeiten stellen einen wichtigen Baustein der Prävention dar. Um für den Schutz von Kindern tätig werden zu können, müssen die verantwortlichen Erwachsenen erst einmal von Missständen erfahren. Die sicherste Quelle dafür sind die Kinder selbst! Kinder müssen deshalb die Möglichkeit haben, sich über alle Dinge zu beschweren. Eine Beschwerde ist zuallererst eine Unmutsäußerung – dem Kind gefällt etwas nicht, es fühlt sich ungerecht behandelt oder verletzt. Dabei ist es wichtig, auch scheinbar banale Beschwerden ernst zu nehmen.

Ein Alltagsbeispiel wäre, dass ein Kind beim Spazierengehen nicht mehr weiterlaufen möchte. Der Umgang mit einer solchen Bemerkung sendet für Kinder wichtige Signale: Natürlich ist es wichtig, das Kind zu motivieren, gleichzeitig muss das Kind allerdings auch erfahren, dass seine Äußerung und seine Gefühle wahr- und ernst genommen werden. Wenn Kinder tagtäglich solche Erfahrungen machen, fällt es ihnen auch leichter, eine erlebte Grenzverletzung oder sexuellen Missbrauch aufzudecken. Kindern dieses Erzählen zu erleichtern, muss demnach ein zentrales Element der Prävention sein.

Viele Kinder und deren Familien benötigen darüber hinaus das deutliche Zeichen, dass Beschwerden erwünscht sind. Möglichkeiten wie die regelmäßige Durchführung von anonymisierten Befragungen (auch von ehemaligen Nutzer*innen des Angebots), Befindlichkeitsrunden im Morgenkreis (z. B. durch eine Gefühle-Blume) oder Kindergruppensprecher*innen müssen dabei immer wieder überprüft werden: Können alle Kinder, egal, welche Voraussetzungen sie mitbringen, dieses Angebot nutzen? Würden Kinder bei erlebtem Missbrauch oder Gewalt diese Wege nutzen? Dies sind wichtige Prüfsteine bei der Implementierung von Beschwerdekonzepten.

Waldkitas sind häufig keine riesigen Organisationseinheiten, wo ein komplexes Beschwerdeverfahren im QM-Handbuch beschrieben wird. Im Alltag sind häufig ein bis zwei Erzieher*innen mit den Kindern allein im Wald unterwegs. Es gibt selten noch eine zweite Gruppe oder eine übergeordnete Leitung. Daraus ergeben sich unterschiedlichste Fragestellungen: *Wo gehe ich da als Kind hin, wenn ich mit meinem Erzieher oder meiner Erzieherin Schwierigkeiten habe? Zum Vorstand? Wie ist dieser für mich als Kind erreichbar? Welche anderen Ideen gibt es?* Gerade bei dieser Form von Kleinsteinrichtung, die eine Waldkita häufig darstellt, muss gut geprüft werden, wie tragfähige Beschwerdewege aussehen können. *Was sind realistische Maßnahmen? Der Beschwerdebriefkasten am Bauwagen? Die Sprechstunde des Vorstands? Wie bekommen Eltern, Mitarbeiter*innen und Kinder eine Rückmeldung, was mit ihren Anliegen geschehen ist?*

In einer von AMYNA beratenen Elterninitiative haben sich Träger und Mitarbeiter*innen entschieden, einen sogenannten Konfliktkreis zu gründen. Darin vertreten waren je ein/eine Vertreter*in von Eltern, Mitarbeiter*innen und Kindern, die einmal pro Monat, oder je nach Dringlichkeit öfter, die Beschwerden und benannten Anliegen der Einrichtung bearbeiten und gemeinsam Vorschläge für die Bearbeitung entwerfen. Dies sollte zu mehr Transparenz bei der Bearbeitung von Beschwerden beitragen – für diese Einrichtung ein Erfolgsmodell.

Räumliche Situation

Im Sinne der Prävention von sexuellem Missbrauch gilt es, einen Grenzen achtenden Umgang in der Raumgestaltung erlebbar zu machen. Dies bedeutet, die Intimsphäre der Kinder bestmöglich zu schützen und gleichzeitig ein transparentes Arbeiten von

Mitarbeiterinnen und Mitarbeitern zu gewährleisten. Geprägt von einem Alltag in der freien Natur bei fast jedem Wetter, sind Waldkindergärten bereits darauf angewiesen, sich mit Schutzräumen auseinanderzusetzen. Egal, ob ein im Wald abgestellter Bauwagen, eine Hütte oder ein Tipi - die Kinder haben in vielen Fällen die Möglichkeit, ihre persönlichen Gegenstände an einem eigenen Platz unterzubringen. Dies ist im Sinne der Kinderrechte ein wichtiger Punkt, da Kinder ihren persönlichen Besitz oft als Teil ihrer Privatsphäre wahrnehmen.

Jedoch bringt das Recht auf Privatsphäre weitere Fragen für Waldkindergärten mit sich. Kinder sollten sich zurückziehen können, wenn sie eine Verschnaufpause brauchen. Kann hierzu bspw. der Bauwagen dienen? Und was ist, wenn eine Einrichtung lediglich die Turnhalle der nächstgelegenen Schule als Unterschlupfmöglichkeit bei schlechtem Wetter hat? Welche Rückzugsmöglichkeiten können einzelnen Kindern dann geboten werden? Wo können sich Kinder auch ohne Beobachtung der anderen umziehen? Wie wird verhindert, dass die gesamte Gruppe erfährt, wenn ein Kind einnässt? Um diese Fragen im pädagogischen Alltag beantworten zu können, gilt es mit Kreativität und einem „Kinder-Blick“ die Umgebung zu betrachten und gemeinsam mit Kindern Lösungen zu finden.

Eine Besonderheit stellt auch die Toilettensituation dar: Besonders hier ist es oft schwierig, die Intimsphäre der Kinder ausreichend zu schützen. Gibt es bestimmte „Piesel-Ecken“, die durch Leinentücher abgetrennt werden, oder wird täglich der Ort des Spielens gewechselt und somit jeden Tag eine neue Sträucherreihe ausgewählt? Wer begleitet die Kinder zum Toilettengang und wie weit liegt dieser Ort vom Rest des Geschehens entfernt? Dürfen oder sollen Kinder aufgrund der Position der „Piesel-Ecke“ immer zu zweit „auf die Toilette“ gehen und wie wird dabei die Intimsphäre der Kinder gewahrt, wenn sie das nicht möchten?

Krisenleitfaden

Sollte es in einer Einrichtung zu einem Verdachtsfall von sexuellem Missbrauch oder Gewalt durch Mitarbeitende kommen, kann mithilfe eines vorgegebenen Verfahrens zum Vorgehen im Krisenfall überstürztem oder unkoordiniertem Handeln entgegengewirkt werden. Dies gibt den verantwortlichen Leitungskräften Sicherheit in Krisensituationen, es bietet aber auch den Mitarbeiter*innen Gewissheit, dass hier nach einem standardisierten Verfahren gehandelt wird und nicht nach Gusto. Um im Ernstfall einen Verdacht gegen eine*n Kolleg*in äußern zu können, brauchen die Mitarbeitenden die Sicherheit, dass auch bei einem falschen Verdacht sensibel mit allen Beteiligten umgegangen wird.

Vor allem wenn die Aufsichtspersonen aus verschiedenen Personengruppen zusammengestellt sind, gilt es hier bereits vorab klar die Aufgabenverteilung und Verantwortungsübernahme zu klären. Gerade in Elterninitiativen bzw. Einrichtungen, in denen auch Eltern die pädagogische Arbeit übernehmen, kann es zu unklaren Rollen und dadurch fehlender oder falsch verorteter Verantwortungsübernahme im Krisenfall kommen. Der Krisenleitfaden dient hier als gute Orientierungshilfe, um den Verdachtsfall Schritt für Schritt und genau strukturiert abzuklären. Er ist nicht gesetzlich verpflichtend, jedoch ist eine Erarbeitung dringend empfehlenswert, um in emotional aufgeladenen Verdachtssituationen gut überlegt handeln zu können. Der Krisenleitfaden sollte der Leitung sowie allen Mitarbeitenden bekannt sein. Sinnvoll ist es, wenn er im akuten Verdachtsfall für alle zugänglich aufbewahrt wird. Die meisten Waldkindergärten können ein separates Büro mit Drucker und Telefon nutzen. Der Ordner zum Verfahren im Verdachtsfall bei Missbrauch durch Mitarbeitende (Krisenleitfaden) sowie durch Personen außerhalb der Einrichtung (§ 8a SGB VIII) sollte dort oder an einem für alle Mitarbeitenden zugänglichen Ort aufbewahrt werden. Neben den Abläufen und den jeweiligen Verantwortlichkeiten sollte der Krisenleitfaden auch die Meldepflichten in Bezug auf die Aufsichtsbehörde berücksichtigen.

Präventionsbeauftragte*r

Prävention darf keine Eintagsfliege sein! Wie bei vielen anderen anfallenden Aufgaben in Einrichtungen kann es auch hier passieren: Jede*r ist zuständig und niemand fühlt sich verantwortlich. Deshalb braucht es auch für diese Aufgabe innerhalb der Institution eine Person, die für den Bereich der Prävention zuständig ist. Diese kümmert sich um die Bereitstellung von Präventionsmaterialien, bringt das Thema immer wieder in Teamsitzungen ein und ist auch beauftragt, in regelmäßigen Abständen zu prüfen, ob das Schutzkonzept noch auf dem aktuellen Fachstand ist oder ob es Optimierungsbedarf gibt. Eine Überprüfung des gesamten Schutzkonzeptes bietet sich aktuell ca. alle zwei bis drei Jahre an. Nur so kann Prävention von sexuellem Missbrauch als Grundlage institutionellen Handelns verankert werden und nachhaltig wirken. Eine klare Beauftragung und die Bereitstellung von Ressourcen (materiell, personell und finanziell) sind neben einer klaren Aufgabenbeschreibung eine Grundvoraussetzung für die erfolgreiche Arbeit der Fachkraft.

Öffentlichkeitsarbeit

Um die Organisation für Täterinnen und Täter zu einem unattraktiven Betätigungsfeld zu machen, aber auch um Eltern, Kooperationspartner*innen und weitere Interessierte über das Präventionskonzept zu informieren, sollten die umgesetzten Präventionsmaßnahmen über die gesamte Öffentlichkeitsarbeit nach außen hin transparent gemacht werden. Dies kann auf der Website, bei Stellenausschreibungen, in Imagebroschüren, in Jahresberichten usw. geschehen.

Beziehungsarbeit mit Mädchen* und Jungen* und präventive Pädagogik

Nähe und Distanz

Die professionelle Gestaltung von Nähe und Distanz in Einrichtungen ist von zentraler Bedeutung. Vor allem in Waldkindergärten ergeben sich häufig aufgrund der Trägerschaft, der räumlichen Besonderheiten und den Herausforderungen beim Schutz der Intimsphäre der Kinder noch einmal speziellere Fragestellungen im Hinblick auf ein professionelles Nähe- und Distanzverhältnis. Wenn Eltern im Waldkindergarten eine pädagogische Rolle oder auch wichtige anderweitige Aufgaben übernehmen, ist es nicht immer einfach, den „privaten Hut“ ab- und den „professionellen Hut“ aufzusetzen. Ein transparenter, gemeinsam abgesprochener und vor allem schriftlich festgehaltener „roter Faden“ bietet allen Beteiligten Handlungssicherheit und Orientierung. Um einen einheitlichen Umgang mit Situationen der besonderen Nähe gewährleisten zu können, muss im Vorfeld eine gemeinsame Haltung dazu entwickelt werden. Diese Haltung wird in Form von sogenannten Schutzvereinbarungen schriftlich festgehalten. So werden zu bestimmten Situationen, wie bspw. der „Toilettensituation“ im Wald, klare einrichtungsinterne Standards festgehalten, an die sich alle Beteiligten halten müssen.

Feste Standards für die Gestaltung einer professionellen Nähe und Distanz dienen sowohl dem Schutz von Mitarbeitenden vor einem falschen Verdacht als auch dem Schutz von Kindern vor (sexuellem) Missbrauch und Gewalt. Grundlage bei der Entwicklung dieser Regeln muss es sein, im Blick zu haben, was die Kinder in ihrer individuellen Situation z. B. an Zuwendung oder an Förderung benötigen, welche Entwicklungsherausforderungen das Kind aktuell bewältigt und wie mit den Rahmenbedingungen eine bestmögliche Vereinbarung zum Schutz der Kinder aussehen kann. Solche Schutzvereinbarungen müssen bei ihrer Entwicklung spezifisch an den jeweiligen Waldkindergarten angepasst sein und von der gesamten

Einrichtung gelebt werden, sonst ergeben sie lediglich ein schönes Papier, das in der Schublade „verschwindet“.

Sexualpädagogisches Konzept

Kinder brauchen eine qualifizierte Sexualpädagogik. Ein rigides Vorgehen, das Tabuisieren von Sexualität sowie die unzureichende Unterstützung bei der Entwicklung einer selbstbestimmten und altersgerechten kindlichen Sexualität erhöhen das Risiko, dass innerhalb der Institution sexueller Missbrauch verübt wird (vgl. Enders, Romahn & Villier 2012, S. 150 ff.). Darüber hinaus haben Mädchen* und Jungen*, die unzureichend oder falsch über (kindliche, auch in Abgrenzung zu Erwachsenen-) Sexualität informiert sind, ein erhöhtes Risiko, sexuellen Missbrauch zu erleben (vgl. Freund & Riedel-Breidenstein 2006, S. 40).

Deshalb sollte ein sexualpädagogisches Konzept auch im Sinne der Prävention von sexuellem Missbrauch Grundlage des Arbeitens sein. Wir empfehlen für die Erstellung des Konzeptes eine weite Fassung von Sexualität und Sexualpädagogik. So gehört nicht nur Körperwissen und Aufklärung über Schwangerschaft, Geburt und Zeugung dazu, sondern auch beispielsweise Themen wie Körpergefühl, Geschlechtsidentität und -rolle, Gefühle und Grenzen oder verschiedene Lebens- und Beziehungsformen.

Waldkindergärten sollten bei der Erarbeitung des Konzeptes prüfen, wie sie den Kindern in verschiedenen Bereichen des Alltags die Entwicklung und Gestaltung einer selbstbestimmten Sexualität ermöglichen können. Beispielsweise finden sich im Wald tolle Möglichkeiten zum Entdecken des eigenen Körpers durch vielfältige Körper- und Sinneserfahrungen: Barfußpfade oder „blindes“ Riechen und Fühlen sind dafür gut geeignet. Manche Fragen sind untrennbar mit der räumlichen Situation verbunden: Jede Waldkita sollte daher kritisch prüfen, inwiefern sie beispielsweise Doktorspiele mit anderen Kindern in einem geschützten Rahmen (sowohl Schutz der Kinder vor Grenzverletzungen durch andere Kinder als auch Schutz vor Blicken von außen) ermöglichen können. Grundsätzliche Fragen, wie eine eigene Haltung zu einer sexualitätsbejahenden Pädagogik oder welche Bezeichnungen von Geschlechtsteilen in der Arbeit gewählt werden, sollten in jedem Team geklärt werden. Darüber hinaus kann geeignetes pädagogisches Material, wie z. B. Bilderbücher, den Kindern zur Verfügung gestellt werden.

Durch ein vorliegendes differenziertes sexualpädagogisches Konzept erhalten so nicht nur die Mitarbeitenden und das gesamte Team einer Einrichtung „Rückendeckung" und Sicherheit im Umgang mit kindlicher Sexualität. Auch die Kinder und Eltern erfahren Klarheit, Transparenz und Sicherheit.

Mit Kindern über sexuellen Missbrauch sprechen

(Betroffene) Kinder brauchen das Signal, dass die Erwachsenen in ihrem Umfeld wissen, dass es sexuellen Missbrauch gibt und sie ansprechbar dafür sind. Diesem Signal steht oft entgegen, dass sexueller Missbrauch ein großes Tabuthema ist und viele Fachkräfte sich – verständlicherweise – scheuen, mit Kindern darüber zu sprechen. Dieses Tabu kann es für betroffene Mädchen* und Jungen* allerdings deutlich schwerer machen, Hilfe bei ihren Bezugspersonen zu suchen. Deshalb sollten Fachkräfte klären, wie sie das Thema kindgerecht für die Kinder, die aktuell betreut werden, aufbereiten können. Kindergartenkinder müssen keine Details über Täter*innenstrategien oder Formen von sexuellem Missbrauch wissen. Sie sollten aber wissen, dass es Erwachsene gibt, die Kindern weh tun oder ihnen Angst machen – und dass kein*e Erwachsene*r das Recht dazu hat.

Generell bilden kindzentrierte Präventionsangebote einen Teil des Schutzkonzeptes und sind in beiden Ansätzen, sofern sie reflektiert und kindgerecht umgesetzt werden, sinnvoll. Dazu stehen eine Vielzahl von Methoden und Materialien, wie beispielsweise Selbstbehauptungskurse auch schon für Kindergartenkinder sowie Bilderbücher oder Theaterstücke, zur Verfügung (siehe Empfehlungen im Anhang). Mit Blick auf die Wirkung dieser Angebote gilt festzuhalten, dass Kinder Präventionsbotschaften besser aufnehmen, wenn die Maßnahmen langfristig angelegt sind. Vor allem, wenn die

Mädchen* und Jungen* sich aktiv beteiligen können, sind die deutlichsten Effekte nachgewiesen (vgl. Kindler & Schmidt-Ndasi 2011, S. 35).

Disclosure erleichtern

Der Begriff „Disclosure“ beschreibt das erstmalige, freiwillige und absichtsvolle Berichten eines/einer Betroffenen von sexuellem Missbrauch. Das Erzählen von erlebtem sexuellen Missbrauch fällt Kindern oft sehr schwer. Nur in ca. 30 bis 40 Prozent aller Fälle berichteten die Kinder zeitnah (sechs Monate bzw. ein Jahr) von erlittenem Missbrauch (vgl. Bange 2011, S. 47).

Hilfreich, um Disclosure zu erleichtern, sind beispielsweise folgende Voraussetzungen:

- Kinder wissen, an wen sie sich wenden können, wenn sie Sorgen haben.
- Es gibt feste Orte und Zeiten, zu denen Kinder erzählen können, wie es ihnen geht.
- Alle Kinder besitzen einen geeigneten Wortschatz für Gefühle und ihren Körper (auch für Geschlechtsteile). Es wird dabei klar benannt, dass es einen Unterschied zwischen kindlicher und Erwachsenensexualität gibt (z. B. „Geschlechtsverkehr machen nur Erwachsene, dazu sind Kinder noch zu klein“).
- Kinder wissen über ihre Rechte Bescheid.
- Bei Andeutungen des Kindes wird nachgefragt, aber nicht massiv gedrängt. Es sollten nur offene Fragen verwendet werden.
- Skepsis angesichts „bizarr“ anmutender Erstberichte wird von den Erwachsenen unterdrückt. Es gibt nichts, was es nicht gibt. Das Erzählte des Kindes wird erst einmal ernst genommen.

Generell sollten sich Fachkräfte vor der Durchführung von Präventionsangeboten mit Kindern darüber im Klaren sein, dass sie zur Aufdeckung eines sexuellen Missbrauchs führen können. Je jünger die Kinder sind, desto eher neigen sie dazu, spontan davon zu berichten (vgl. Bange 2011, S. 51 f.). Klären Sie daher vorab, was im Verdachtsfall getan werden muss.

Elternarbeit

Damit eine Erziehungspartnerschaft gelingt, ist es wichtig, dass alle Partner*innen auf Augenhöhe handeln können. Die Einrichtungen sind in der Verantwortung, Präventionsarbeit so zu gestalten, dass sie auch von Eltern angenommen wird und für diese interessant ist. Vor allem in Waldkitas, die als Elterninitiative organisiert sind, müssen die Eltern die Präventionsmaßnahmen auch im Alltag mittragen können. Dazu ist Wissen auf zwei Ebenen notwendig: Zum einen geht es um Wissensvermittlung, um die Eltern über sexuellen Missbrauch, seine Dynamik, über Täter*innen und deren Strategien aufzuklären. Dieses Wissen und der Abbau von Mythen stärkt die Elternkompetenz und macht so ein Bündnis der Verantwortung von Eltern und Einrichtung im Sinne des Kinderschutzes möglich (vgl. Djafarzadeh 2012, S. 14). Darüber hinaus sollte Eltern, am besten auf Basis dieses Wissens, das erarbeitete Schutzkonzept transparent gemacht werden. Eltern formulieren oftmals ihre Sorge über den Umgang mit der Thematik des sexuellen Missbrauchs. Sie haben häufig Angst, dass ihr Kind überfordert wird, das Thema zu unsensibel behandelt wird oder gar sie als Elternteile außen vor gelassen werden (Kindler 2012, S. 7). Daher sind eine gute Eltern-Einrichtungs-Kommunikation und der Informationsfluss zum Thema Prävention äußert wichtig.

In welchem Maße die Eltern in die Präventionsarbeit miteinbezogen werden sollen und können, muss vorab im Team geprüft werden. Gute Möglichkeiten wären z. B. einen Elternabend zu organisieren, ein gemeinsames Bauprojekt zu starten, um einen Sichtschutz für die „Waldtoilette" gemeinsam zu bauen, oder einen Elternbrief zu Beginn des Betreuungsjahres mit möglichen Anlaufstellen bei einem Verdachtsfall zu verteilen. Ein gut durchdachtes Beschwerdemanagement für die Eltern verbessert ebenfalls die Zufriedenheit und stärkt sie als Ansprechperson für ihre Kinder bei erlebten Ungerechtigkeiten und Grenzverletzungen.

Externe Hilfe, Umgang mit „blinden Flecken“

Sowohl bei der Intervention und der Aufarbeitung als auch bei der Implementierung präventiver Strukturen ist es sehr zu empfehlen, externe Hilfe durch Fachstellen in Anspruch zu nehmen. Die Einführung und die Auswahl von effektiven präventiven Maßnahmen erfordert ein komplexes Wissen aus Erkenntnissen der Täterinnen- und Täterforschung, den Erkenntnissen zu Missbrauch in Institutionen, der Dynamik in Systemen und nicht zuletzt auch Grundkenntnisse des Change Managements. Im Bereich der Wirtschaft wird seit Jahrzehnten erfolgreich auf die Kompetenz von Organisationsberaterinnen und Organisationsberatern gesetzt, wenn es um die Umstrukturierung oder Neuorientierung von Konzernen geht. Dieses Erfolgsmodell sollte auch vom sozialen Sektor nicht unterschätzt werden. Externe Expertinnen und Experten von Fachberatungsstellen der Prävention und Intervention verfügen nicht nur über die notwendigen Kompetenzen, soziale Organisationen bei der Implementierung von Schutzkonzepten zu unterstützen. Ein Blick von außen hilft zudem, blinde Flecken zu vermeiden, und kann dabei unterstützen, verhärtete, eingefahrene Muster der Einrichtung aufzubrechen.

Zusammenfassung

Schutzkonzepte nehmen die verschiedenen Akteur*innen der Institution (Kinder, Leitungspersonen, Mitarbeitende, Eltern) in den Blick und umfassen Präventionselemente auf verschiedenen Ebenen: von strukturellen Elementen über die Beziehungsarbeit mit Mädchen* und Jungen* bis hin zur Elternarbeit. Nur wenn diese verschiedenen Dimensionen beleuchtet werden, kann ein umfassendes Netz der Verantwortung im Sinne des Kinderschutzes entstehen. Dabei ist die Unterstützung durch externe Beratungsstellen dringend zu empfehlen, durch ihre Perspektive von außen können blinde Flecken vermieden werden. Die Entwicklung eines Schutzkonzeptes innerhalb einer Organisation ist dabei ein dynamischer Prozess. Der Weg der Entstehung ist hierbei genauso wertvoll wie das Ergebnis selbst, schließlich trägt der Erarbeitungsprozess einen erheblichen Teil zur Entwicklung einer Kultur der Achtsamkeit bei. Auch wenn dieser Weg mit Hürden verbunden ist, zusätzliche Arbeit zum oft stressigen Alltag bedeutet und einige Zeit in Anspruch nimmt: Allen Beteiligten sollte immer bewusst sein, dass jede umgesetzte Maßnahme den Schutz der Kinder innerhalb der Organisation erhöhen und somit einen wertvollen Beitrag dazu leisten kann, dass Mädchen* und Jungen* in einer achtsamen Lebenswelt frei von sexuellem Missbrauch und sexueller Gewalt aufwachsen können.

Literatur

Bange, D. (2011): Eltern von sexuell missbrauchten Kindern. Reaktionen, psychosoziale Folgen und Möglichkeiten der Hilfe. Göttingen: Hogrefe.

Deutsches Jugendinstitut (DJI) e. V. (2011, Hrsg.): Sexuelle Gewalt gegen Mädchen und Jungen in Institutionen. Abschlussbericht des DJI-Projekts: „Sexuelle Gewalt gegen Mädchen und Jungen in Institutionen“. München.

Djafarzadeh, P. (2012): Mut zur Vielfalt, Mut zur Prävention. Arbeit mit Eltern mit Migrationshintergrund. IzKK-Nachrichten, 1/2012, 14–17.

Enders, U., Romahn, E. & Villier, I. (2012): Klar, diffus, autoritär oder verwahrlost? Institutionelle Strukturen und fachliche Mängel, die den Schutz vor sexuellen Übergriffen und Missbrauch vernachlässigen. In: Enders, U. (Hrsg.), Grenzen achten. Schutz vor sexuellem Missbrauch in Institutionen. Ein Handbuch für die Praxis. (S. 147–153). Köln: Kiepenheuer & Witsch.

Freund, U. & Riedel-Breidenstein, D. (2006): Sexuelle Übergriffe unter Kindern. Handbuch zur Prävention und Intervention. Köln: Verlag mebes & noack.

Geschäftsstelle des Unabhängigen Beauftragten für Fragen des sexuellen Kindesmissbrauchs (UBSKM) (2013): Handbuch Schutzkonzepte sexueller Missbrauch. Befragung zum Umsetzungsstand der Empfehlungen des Runden Tisches „sexueller Kindesmissbrauch“. Bericht mit Praxisbeispielen zum Monitoring 2012–2013. Berlin.

Kindler, H. (2012): Eltern und die Prävention von sexueller Gewalt. IzKK-Nachrichten, 1/2012, 5–10.

Kindler, H. & Schmidt-Ndasi, D. (2011): Wirksamkeit von Maßnahmen zur Prävention und Intervention im Fall sexueller Gewalt gegen Kinder. Herausgegeben von AMYNA e. V. DJI, München.

Rörig, J-W. (2015): Unterstützung, Bündnisse und Impulse zur Einführung von Schutzkonzepten in Institutionen in den Jahren 2012–2013. In: Fegert, J. M. & Wolff, M. (Hrsg.), Kompendium „Sexueller Missbrauch in Institutionen“ Entstehungsbedingungen, Prävention und Intervention. (S. 587-601). Weinheim: Beltz Juventa.

Schwarz, Rolf (2017): Waldkindergarten. Berlin: Cornelsen Verlag.

Miriam Zwicknagel, Petra Straubinger

Kleine Forscher*innen liebevoll begleiten

Nähe und Distanz in Natur- und Waldkindergärten

Mit Blick auf die Prävention von sexueller Gewalt stehen Mitarbeiter*innen von Kindertageseinrichtungen immer wieder vor der Frage, wie Grenzverletzungen und -überschreitungen seitens Erwachsenen verhindert werden können. Oder anders gesagt, die Beziehungsarbeit mit Mädchen* und Jungen* ist ständig davon geprägt, die „richtige Nähe" oder die „richtige Distanz" zu den Kindern einzunehmen. *„Dürfen wir die Kinder eigentlich noch auf den Schoß nehmen? Und wie können wir die Intimsphäre der Kinder im Wald gut schützen?"* In Waldkindergärten tauchen grundlegend die gleichen Fragen wie bei anderen Kindertageseinrichtungen auf:

- Wie sind Kinderrechte in Waldkindergärten erlebbar?
- Was brauchen Kinder, damit eine sichere Bindung zur Betreuungsperson entstehen kann?
- Wie können Regelungen für eine Beziehungsgestaltung im Sinne der professionellen Balance von Nähe und Distanz aussehen?
- Wie können Regelungen verpflichtend und transparent gemacht werden?

Kinderrechte in Waldkindergärten

Ein Ziel der Prävention ist es, Kindern einen Raum zu schaffen, in dem sie erleben können, was ein achtsamer, respektvoller Umgang ohne sexuelle Grenzüberschreitungen ist. Es gehört unter anderem zur Strategie von Täterinnen und Tätern, sich ein Umfeld zu suchen, in dem es wenig Gespür dafür gibt, wie ein Grenzen wahrender Umgang miteinander aussieht. Wenn Kinderrechte gelebt werden, kann dies also eine präventive Wirkung entfalten.

Maywald (2014, S. 8) beschreibt, dass die Umsetzung des Rechts auf eine gesunde und gewaltfreie Erziehung und Entwicklung eine der Pflichtaufgaben einer Kindertagesstätte ist.

Folgende Fragen können helfen, eine Reflexion anzustoßen und Ideen zur „Übersetzung" der Kinderrechte in den Alltag zu entwickeln:

- Kennen alle Verantwortlichen die UN-Kinderrechte?
- Welche Bedeutung haben Kinderrechte für das Leben in der Waldkita?
- In welchen Prozessen spielen Kinderrechte eine Rolle?
- Wie wird es für die Kinder sicht- und erlebbar, dass im Waldkindergarten Kinderrechte umgesetzt werden?

Gerade für jüngere Kinder oder Kinder, die sich nicht oder nur wenig verbal verständigen können, wirkt die Erklärung von Kinderrechten allerdings oft abstrakt und wenig greifbar. Gerade deshalb ist es wichtig, dass die Rechte von Kindern von den Mitarbeiterinnen und Mitarbeitern auch gelebt werden. Bei einigen Kindern bedeutet dies, auf ihre Körpersprache und ihre Lautäußerungen auch dort einzugehen, wo sie verbal die eigene Position (noch) nicht ausdrücken können (Schuhegger et al., 2015). Dabei ist beispielsweise auch mitzudenken, dass Kinder mit unterschiedlichen Kommunikationswegen auch Symbole, Piktogramme oder Gebärden für ihre Bedarfe und Beschwerden benötigen. Dies ist bereits eine Möglichkeit, den Kindern ihre Rechte ganz individuell zugänglich zu machen. Denn wenn Mädchen* und Jungen* ihre Rechte kennen und von klein auf erleben können, werden sie hoffentlich auch darin gestärkt, Grenzüberschreitungen zu erkennen und sich anzuvertrauen.

Bindung gibt Sicherheit

Damit sich Kinder auch trauen, über generelle Probleme sowie sexuelle Grenzüberschreitungen zu sprechen, benötigt es eine Vertrauensbeziehung zwischen Erwachsenen und ihren Schutzbefohlenen. Wer Beziehungen professionell gestalten will, muss sich allerdings auch gleichzeitig mit der immer wiederkehrenden Frage der richtigen Nähe und Distanz beschäftigen. Es geht um die Waagschale von Bindung und Autonomie, zwischen Halt suchen und Halt geben, anbinden und freilassen (vgl. Enderlein 2014, S. 1). Eine sichere Bindung zu erfahren ist für Kinder mit lebenslang vorteilhaften Schutzfaktoren verbunden. Bindungspersonen können keineswegs nur die Eltern sein, auch pädagogisches Personal aus Kindertageseinrichtungen ist in der Lage, diese Rolle zu übernehmen. Dabei ist für eine sichere Bindung vor allem die Feinfühligkeit der erwachsenen Bezugsperson zentral (vgl. Schuhrke 2012).

Gerade bei Kleinkindern sind Körperwahrnehmung und Körperkontakt, Gefühle und Beziehungserfahrung nicht voneinander getrennt. „Schon von daher ist es selbstverständlich, dass Kinder körperliche Nähe zu pädagogischen Bezugspersonen suchen und diese auch brauchen. Da kleine Kinder erst nach und nach verbale Fähigkeiten entwickeln, um Gefühle und Bedürfnisse auszudrücken und andere Menschen zu verstehen, sind sie darauf angewiesen, dass Erwachsene nicht nur auf ihre körperlichen Signale reagieren, sondern sie auch selbst zu direkter körperlicher Kommunikation in der Lage sind." (Koordinationsstelle „Männer in Kitas", 2014, S. 40)

Umgangssprachlich gesagt: Kinder brauchen nicht nur den kleinen Finger, wenn sie sich mit dem Hammer beim Bauen verletzt haben, sie brauchen erwachsene Bezugspersonen, die sie auch in den Arm nehmen. Es braucht pädagogisches Personal, das nicht nur dazu in der Lage ist, verbal in Kontakt zu gehen, sondern auch durch Berührung und Körperkontakt reflektiert in einen emotionalen Dialog zu gehen.

Selbstreflexion von Mitarbeiter*innen

Waldkindergärten wollen für Kinder ein Schutzraum sein. Jedes Mädchen* und jeder Junge* soll anerkannt und respektiert werden. Um dabei das „richtige Maß" von Nähe und Distanz zu erfassen, benötigt es allerdings einen kritischen Diskurs, damit das Pendel nicht unbedacht in Richtung grundsätzlicher Berührungsvermeidung ausschlägt (vgl. Els 2014, S. 21).

Natürlich sind Fachkräfte in erster Linie als Pädagog*innen in einer Einrichtung anwesend, allerdings spielen gerade in der Pädagogik die eigenen Erfahrungen und Haltungen oftmals eine große Rolle. Jede*r Pädagog*in bringt seine/ihre eigene biografische Geschichte mit. Sich dessen bewusst zu sein und sich selbst im eigenen Verhalten zu hinterfragen, ist deshalb unbedingt notwendig.

Bevor eine fachliche Antwort auf die Frage des richtiges Maßes im Team gefunden werden kann, muss jede*r Mitarbeiter*in sich vorher selbst bestimmte Fragen zu einzelnen Kindern, Situationen und Handlungen stellen. Folgende Fragestellungen zur persönlichen Reflexion können eine grundlegende Orientierungshilfe geben, um einen bewussten Umgang mit Nähe und Distanz in verschiedenen Situationen bewerten zu können (Abrahamczik, Hauff & Kellerhaus et al. 2013, S. 23):

- *„Von wem geht [in dieser Situation] die Initiative aus?"*
- *„In welcher Beziehung stehe ich zum Kind?"*
- *„Ist es angemessen, dem Wunsch des Kindes zu entsprechen?"*
- *„Würde ich auch anderen Kindern diesen Wunsch erfüllen?"*

Vor allem für die letzte Frage lohnt es sich immer wieder, das eigene Verhalten kritisch zu betrachten. Gerade die (unbewusste) Bevorzugung von „Lieblingskindern" oder familiäre Gefühle bei sehr jungen Kindern können ansonsten klare Haltungen immer wieder infrage stellen. Dasselbe spielt auch im Umgang mit Kindern mit Förder- und/oder erhöhtem Pflegebedarf eine große Rolle. Bei der Betrachtung der eigenen Handlungen sollte immer wieder geprüft werden, ob das Verhalten für den beruflichen Kontext angemessen ist oder eher in ein privates Setting gehört. Oftmals ist es sinnvoll und nötig, diese Reflexion an konkreten Situationen entlangzuführen.

Für den Alltag von Pädagog*innen in Waldkindergärten könnten bspw. folgende Situationen genutzt werden:

- auf die gleiche Toilette/hinter dem gleichen Gebüsch wie die Kinder auf die Toilette gehen
- sich gemeinsam mit den Kindern im Bauwagen, Tipi oder der Hütte umziehen
- eine Zecke am Hals/am Oberschenkel des Kindes entfernen
- die Kinder im Sommer nackt baden lassen
- den Eltern die private Handynummer geben

Bei der Beantwortung und Einordnung der Situationen merken Fachkräfte häufig schnell, wo bei ihnen Verunsicherungen auftreten. Viele fragen sich dann: „Was würde mein Team zu meinem Verhalten sagen? Wie machen es die anderen?“ Genau diese Situationen sollten im Team diskutiert werden, um einen offenen Dialog zu fördern und (auch unabsichtlichen) Grenzverletzungen vorzubeugen.

Schutzvereinbarungen für Situationen der besonderen Nähe

Generell existieren Situationen, in denen es bekanntermaßen dokumentierte Fälle von sexuellen Grenzverletzungen, Grenzüberschreitungen oder sexuellem Missbrauch gab und in denen es zu möglichen Grenzverletzungen kommen könnte. Kritische Situationen, die ein Risiko beinhalten, kann es z. B. in folgenden Kontexten geben:

- pädagogische Tätigkeiten (toben, trösten, ermahnen, verbale Intimität, ...)
- Körperkontakt, Körperpflege und medizinische Handlungen (Zeckenuntersuchung, Fiebermessen, ...)

- Orte, an denen ungeschützte 1:1-Kontakte möglich sind und/ oder an denen es üblich ist, sich unbekleidet aufzuhalten (z. B. Aufenthalt im Rückzugsort, Unterstützung beim „Toilettengang“, ...)
- Aktionen (Einzelaktionen, Fahrdienste, Übernachtungen, ...)
- Geschenke oder alles, was geeignet ist, Kinder zu manipulieren, z. B. auch persönliche Bevorzugung und Förderung, exklusive Beziehungen und Freundschaften
- nicht transparente Situationen (z. B. gemeinsame Geheimnisse)
- Mediennutzung (Handy, Film usw.)
- „Babysitter-Dienste“ außerhalb der Betreuungszeiten

Für diese Situationen und weitere, in denen die Fachkräfte unsicher sind, sollten sogenannte **Schutzvereinbarungen** erstellt werden. Schutzvereinbarungen werden also für ganz konkrete „Settings“ formuliert und bieten teaminterne standardisierte Regelungen, um den Schutz der Kinder zu erhöhen. Sie setzen an bekannten Täter*innenstrategien an und machen deutlich, welches Verhalten im Waldkindergarten dem derzeitigen fachlichen Standard entspricht bzw. was keinesfalls akzeptiert wird.

Schutzvereinbarungen dienen generell sowohl dem Schutz von Mitarbeiter*innen im Kontakt mit Kindern vor einem falschen Verdacht als auch dem Schutz von Mädchen* und Jungen* vor (sexuellem) Missbrauch und Gewalt. Dies ist insbesondere wichtig für geschlechtergemischte Teams. Männer* unterstehen häufig einem „Generalverdacht“ – dies schützt weibliche Täter*innen! Schutzvereinbarungen müssen daher immer für alle Geschlechter gleichermaßen gelten (vgl. Gottwald-Blaser & Unterstaller 2017, S. 95 f.). Grundlage bei der Erstellung dieser Regeln muss der Blick darauf sein, was die Kinder altersspezifisch bzw. in ihrem Entwicklungsstand benötigen, z. B. an Zuwendung oder an Förderung, und wie mit diesen Rahmenbedingungen eine bestmögliche Vereinbarung zum Schutz aller Kinder aussehen kann.

Es geht bei den Schutzvereinbarungen nicht darum, jeglichen Körperkontakt zu meiden oder zu verbieten. Das würde rasch die gesamte Arbeit lahmlegen. Es geht vielmehr darum, diese Situationen dahingehend zu prüfen, wo für die konkrete, individuelle Arbeitssituation Risiken gesehen werden und einschränkende bzw. gemeinsame Regelungen deshalb sinnvoll und nötig sind. Die Regelungen sollten alltagspraktisch und auf „die kindliche Individualität (...) in Abhängigkeit von Alter, Entwicklungsstand, biografischem und kulturellem Hintergrund" (EKD 2014a, S. 30) sowie die individuellen Förderbedarfe und Fähigkeiten der Mädchen* und Jungen* innerhalb des Waldkindergartens abgestimmt sein. Dabei ist es wichtig, sie so zu formulieren, dass sie auch realistisch umsetzbar sind. Wenn eine Einrichtung die Regel verabschiedet, nie in die Intimsphäre der Kinder einzugreifen, verstößt sie ggf. gleich am nächsten Tag dagegen, wenn das erste Kind gewickelt werden muss (vgl. Gottwald-Blaser & Unterstaller 2017, S. 94).

Erarbeiten von Schutzvereinbarungen

Um eine Schutzvereinbarung zu entwickeln, können folgende Fragestellungen als Orientierungsleitfaden gelten:

Benennen der Situation

Welche Situation ist schwierig? Wo fühlen sich die Erzieher*innen und Eltern unsicher? Für was soll eine einheitliche Regelung gefunden werden, um den Mitarbeitenden Sicherheit zu geben (z. B. Wickelsituation)?

Wie würden die einzelnen Mitarbeitenden diese Situation regeln?

Was ist dabei noch in Ordnung? Was sind aus der Sicht jeder/jedes Einzelnen No-Gos (z. B. Bewegungsspiele nur mit Windel an? Ist es ok, die Kinder auf den Bauch zu küssen?)?

Feedback der anderen Kolleginnen und Kollegen

Ist das Handeln jeder/jedes Einzelnen fachlich ok? Gibt es Vorgehensweisen, die fachlich inakzeptabel sind (z. B. eine Kollegin berichtet, die Kinder vor dem Mittagsschlaf im Intimbereich zu massieren)?

Akzeptable Regelung

Wie könnte eine Regelung aussehen, die für alle Mitarbeiter*innen und Eltern tragbar ist, die Rechte und die Intimsphäre der Kinder möglichst nicht beschneidet und dennoch eine hohe Transparenz und Sicherheit bietet (z. B. Kinder werden nicht im Intimbereich massiert, Kinder werden nicht geküsst, ...)?

Einbezug der Eltern

Wie können in Elterninitiativen die Eltern mit ins Boot geholt werden, damit der fachliche Standard auch bei verpflichtenden Elternarbeiten gewahrt wird (z. B. Einbindung im Betreuungsvertrag)?

Noch ein praktischer Tipp: Für die schriftliche Formulierung ist es ratsam, dass Sie sich am KISS-Prinzip orientieren: „Keep It Short and Simple!" (EKD 2014b, S. 15).

Transparenz und Verbindlichkeit

Schutzvereinbarungen, die in einer Schublade verschwinden, bringen niemandem etwas. Deshalb ist es wichtig, die verschriftlichten Regelungen verbindlich festzusetzen und allen Beteiligten transparent zu machen. Wir empfehlen, die Schutzvereinbarungen als Dienstvereinbarung aufzunehmen und somit verpflichtend für alle pädagogisch Tätigen zu verankern. Schutzvereinbarungen sollten auch im Sinne der Nachhaltigkeit ebenso wenig in Stein gemeißelt sein. Eine jährliche Überprüfung, ob sie noch fachlich aktuell, umsetzbar und passend zu den Bedürfnissen und dem Alltag der Kinder sind, sollte fest im Jahresablauf integriert sein. Sollte der Träger eines Waldkindergartens eine Elterninitiative sein, bedeutet dies auch, die Schutzvereinbarungen für Eltern verpflichtend geltend zu machen. Beispielsweise können sie pro Betreuungsjahr an die Erziehungsberechtigten gegeben und von diesen unterzeichnet werden. Eine gute Möglichkeit wäre es auch, die Eltern im Betreuungsvertrag dazu zu verpflichten, sich an das Schutzkonzept der Einrichtung zu halten. Dadurch ist gewährleistet, dass sich auch Eltern bei der Übernahme von „Elternaufgaben“ an die Schutzvereinbarungen halten müssen. Eine solche schriftliche Absicherung der Kenntnisnahme der Schutzvereinbarungen empfehlen wir für alle Akteur*innen einer Kindertagesstätte, bspw. auch Praktikant*innen oder Aushilfen.

Die Maßnahme der Schutzvereinbarungen wird allerdings nur wirksam, wenn gleichzeitig feststeht, welche Konsequenzen bei einer Nicht-Beachtung der Vereinbarungen folgen. Es ist wichtig, bereits im Vorfeld zu kommunizieren, welche Konsequenzen bei Verstößen gegen die Schutzvereinbarungen durch Erzieher*innen und Eltern folgen. Durch eine solche Transparenz entsteht Sicherheit, die in unsicheren Situationen bei Verstößen professionelles Handeln ermöglicht. Je nach „Schwere“ und Häufigkeit der Übertretung müssen schließlich verschiedene arbeitsrechtliche Schritte geprüft werden (vgl. Gottwald-Blaser & Unterstaller 2017, S. 93).

Fazit

So wichtig die Entwicklung zu sehen ist, dass ein Grenzen achtender Umgang mit Kindern an Bedeutung gewinnt und reflektiert wird, so verunsichernd kann die Diskussion für pädagogisch Tätige sein. Doch gerade deshalb ist es wichtig, diese nicht zu scheuen. Vor allem für Kleinkinder ist eine verlässliche Beziehung zu ihren Bezugspersonen grundlegend. Sie sollen sicher aufwachsen können, mit zuverlässigen Erwachsenen an ihrer Seite und ohne Erfahrungen von Grenzüberschreitungen oder Gewalt.

Deshalb ist es wichtig, sich vor allem im pädagogischen Kontext anhand der Kinderrechte stetig selbst zu reflektieren und das eigene Verständnis und Handeln im Sinne von professioneller Nähe und Distanz zu hinterfragen. Um trotz eines fachlichen Rahmens die

„individuelle Note" behalten zu können und Sicherheit darüber zu haben, welche Grenzen nicht über- bzw. unterschritten werden dürfen, muss die Diskussion auf Teamebene geführt werden.

Festgeschriebene teaminterne Schutzvereinbarungen sorgen für eine nachhaltige Prävention. Sie legen das Verständnis von Nähe und Distanz fest, gestalten dies durch die Verschriftlichung transparent und legen somit den Grundstein für eine möglichst geschützte, professionelle Beziehung.

Literatur

Abrahamczik, V., Hauff, S., Kellerhaus, T., Küpper, S., Raible-Mayer, C., Schlotmann, H-O. (2013): Nähe und Distanz in der (teil)stationären Erziehungshilfe. Ermutigung in Zeiten der Verunsicherung.

Diakonie Deutschland - Evangelischer Bundesverband/Evangelische Kirche in Deutschland (EKD) (2014a): Grenzen achten - Sicheren Ort geben. Prävention und Intervention. Arbeitshilfe für Kirche und Diakonie bei sexualisierter Gewalt. Berlin, Hannover.

Diakonie Deutschland - Evangelischer Bundesverband/Evangelische Kirche in Deutschland (EKD) (2014b): Das Risiko kennen - Vertrauen sichern. Kinder und Jugendliche vor sexualisierter Gewalt schützen: Risikoanalyse in der Arbeit von Kirchengemeinden. Hannover.

Els, M. (2014): Übergriffe in der Kita: Vorbeugen, erkennen und eingreifen. Ein Praxisleitfaden. Weinheim und Basel: Beltz Juventa.

Enderlein, O. (2014): Nähe und Distanz - was brauchen Kinder und Jugendliche, damit Beziehung gelingt? http://www.katholisches-netzwerk-kinderschutz.de/fileadmin/user_mount/PDF-Dateien/Seelsorge/KNK/2014Netzwerk_VortragEnderlein.pdf (Abgerufen am 24.04.2017)

Enders, U., Eberhardt, B. (2007): Grenzen achten! Schutz vor sexuellen Übergriffen in Institutionen. Köln: Zartbitter e. V.

Gottwald-Blaser, S., & Unterstaller, A. (2017): Prävention all inclusive. Gedanken und Anregungen zur Gestaltung institutioneller Schutzkonzepte zur Prävention von sexuellem Missbrauch an Mädchen* und Jungen* mit und ohne Behinderung. München: AMYNA e. V.

Koordinationsstelle „Männer in Kitas“ (Hrsg.) (2014): Sicherheit gewinnen. Wie Kitas männliche Fachkräfte vor pauschalen Verdächtigungen und Kinder vor sexualisierter Gewalt schützen können. Berlin.

Maywald, J. (2014): Kinderrechte und Kinderschutz. Der Kinderrechteansatz in Kindertageseinrichtungen. In: Bundesvereinigung Evangelischer Tageseinrichtungen für Kinder e. V. (BETA) und vom Friedrich Verlag in Velber (Hrsg.): TPS Theorie und Praxis der Sozialpädagogik. 5/2014. Seelze: Friedrich Verlag GmbH.

Schuhegger, Lucia; Baur, Veronika; Lipowski, Hilke; Lischke-Eisiner, Lisa; Ullrich-Ruge, Claudia (2015): Kompetenzorientiertes Qualifizierungshandbuch Kindertagespflege. Bildung, Erziehung und Betreuung von Kindern unter drei. Seelze: Kallmeyer.

Schuhrke, B. (2012): Psychische und körperliche Entwicklung von Kindern und Jugendlichen. In: KJPP, Universitätsklinikum Ulm: E-Learning Curriculum Prävention von sexuellem Kindesmissbrauch.

Petra Straubinger, Miriam Zwicknagel

Schnecken beobachten oder Bilder malen

Präventionsarbeit mit Kindern kann klein beginnen

Frei nach dem Leitsatz „Kein Kind kann sich alleine schützen!" braucht es immer verantwortungsvolle Erwachsene, die für den Schutz der ihnen anvertrauten Mädchen* und Jungen* eintreten. Nach der Verankerung der strukturellen Rahmenbedingungen ist es die Aufgabe der Mitarbeiter*innen, Prävention für die Kinder auch erlebbar zu gestalten. In Waldkindergärten bieten sich viele Möglichkeiten an, Kinder in die Präventionsarbeit miteinzubeziehen sowie die Aufdeckung von sexuellem Missbrauch zu unterstützen.

Der vorliegende Text soll einen grundlegenden Überblick bieten, was allgemein bei der Präventionsarbeit mit Mädchen* und Jungen* zu beachten ist. Das grundlegende Ziel der Präventionsarbeit mit Kindern ist, sie zu stärken! Eine positive Vermittlung von Rechten, Kompetenzen und Lebensfreude sollte daher Grundlage der Präventionsarbeit mit Mädchen* und Jungen* sein (vgl. Bange 2002, S. 447).

In den 80er- und 90er-Jahren erschien diese Stärkung von Mädchen* und Jungen* – mit dem Ziel, dass sie sich selbst zur Wehr setzen können – als der Königsweg der Prävention. Die Analyse von Einzelfällen und die Forschung zu Täter*innenstrategien sowie zur Dynamik von sexuellem Missbrauch ergaben, dass Kinder mit der Aufgabe, sich selbst zu schützen, überfordert sind. Die Grenzen dieser Angebote werden immer wieder deutlich (vgl. Kindler 2015, S. 354):

- Das Machtungleichgewicht zwischen Kindern und Erwachsenen bleibt immer vorhanden.
- Die Vielfalt von Wegen und Formen von sexuellen Grenzüberschreitungen kann nie ganz erfasst werden.

- Nicht alle Kinder können gleichermaßen mit Präventionsangeboten erreicht werden.

Es ist dementsprechend wichtig und gut, Mädchen* und Jungen* zu stärken, zu unterstützen und ihnen Möglichkeiten der Beteiligung und der Beschwerde zu eröffnen. Die Verantwortung für den Schutz bleibt jedoch bei den Erwachsenen: Im familiären Umfeld sind das die Eltern bzw. Erziehungsberechtigten, in Einrichtungen die jeweils verantwortlichen Fachkräfte. Prävention von sexuellem Missbrauch ist somit nicht nur als Durchführung bestimmter Maßnahmen, sondern auch als eine grundlegende Erziehungshaltung zu sehen, die kontinuierlich im Alltagsleben der Einrichtung Bedeutung findet.

Zentrale Themenbereiche für die Arbeit mit Kindern in Waldkindergärten

Kindern wird der Erfahrungsraum eröffnet, dass sie mitbestimmen dürfen.

Was ist das Präventionsziel für die Kinder? Sie entwickeln in Bezug auf ihren Körper und ihren Alltag die Fähigkeit zur Selbstbestimmung (mit den bekannten Grenzen: Pflege, Gesundheitsfürsorge).

Warum wirkt das präventiv? Durch eine Stärkung der Mädchen* und Jungen* in ihrer Selbstwahrnehmung und -bestimmung ist zu hoffen, dass sie grenzverletzendes Verhalten schneller wahrnehmen und sich Unterstützung holen können.

Wie muss der Alltag gestaltet sein, damit dies gelingt? Kinder brauchen die Möglichkeit, Entscheidungen eigenständig treffen zu können.

> *Beispiel: Möchte ich heute Schnecken beobachten oder lieber ein Bild malen? Will ich meine Lieblingsmatschhose anziehen, die mir inzwischen etwas zu klein geworden ist, oder lieber die*

*neue passende Matschhose, die mir meine Eltern neu gekauft haben? Mitarbeiter*innen sollten überlegen, wo solche Erfahrungsräume eröffnet werden können.*

Kinder lernen im Waldkindergarten, ihre Gefühle wahrzunehmen, und erleben, dass ihre Gefühle wichtig sind und sie diesen vertrauen können.

Was ist das Präventionsziel für die Kinder? Kinder werden in ihrer persönlichen Wahrnehmung gestärkt.

Warum wirkt das präventiv? Täter*innen versuchen oft gezielt, die Wahrnehmung von Kindern zu manipulieren. Vor allem, wenn der oder die Täter*in eine Person aus dem nahen Umfeld des Kindes ist, stehen Mädchen* und Jungen* häufig vor großen Loyalitätskonflikten und stellen eher ihre eigene Wahrnehmung infrage. Es bleibt zu hoffen, dass Kinder, die gelernt haben, dass sie ihren Gefühlen vertrauen können, sich nicht so schnell manipulieren lassen.

*Was muss der/die einzelne Mitarbeiter*in tun, damit dies in der Kita gelingt?* Kinder sollten mit ihren Gefühlen und ihren persönlichen Erfahrungen ernst genommen werden.

*Beispiel: Wenn Paul von einem Baumstamm fällt und zu weinen anfängt, sollte der/die Mitarbeiter*in nicht sagen: „Ist doch nicht so schlimm." Paul braucht an dieser Stelle eine Bestärkung seines Erlebens. „Ich habe gesehen, du bist hingefallen, tut dir das Knie weh? Sollen wir was zum Kühlen suchen?" Paul allein kann sagen, wie sein Gefühl ist. Der/die Mitarbeiter*in sollte dies nicht abwerten oder umdeuten.*

In Waldkindergärten gibt es einen geeigneten Wortschatz für Körper und Genitalien.

Was ist das Präventionsziel für die Kinder? Kinder werden sprachfähig im Bereich ihres Körpers und der Sexualität.

Warum wirkt das präventiv? Das Erlernen einer Sprache für Genitalien, aber auch für andere Bereiche der Sexualität, stärkt die Kommunikationskultur der Einrichtung. Für Mädchen* und Jungen* wird so die Hemmschwelle herabgesetzt, ein erlebtes Fehlverhalten in diesem Bereich zur Sprache zu bringen. Kinder nutzen oft Fantasiebegriffe oder sind nicht in der Lage, Fehlverhalten zu benennen, wenn ihnen der entsprechende Wortschatz fehlt. Durch eine klare Kommunikationskultur kann es Mitarbeiter*innen gelingen, Beschwerden von Kindern leichter zu entschlüsseln.

*Was muss der/die einzelne Mitarbeiter*in tun, damit dies im Waldkindergarten gelingt?* Zuerst gilt es, die persönliche sprachliche Hemmschwelle wahrzunehmen, zu reflektieren und ggf. zu überwinden, denn Sexualpädagogik findet immer statt! Wenn Fachkräfte nicht über Körper und Sexualität sprechen, sendet das den Kindern das Signal: Im Waldkindergarten wird nicht darüber gesprochen. Im Austausch mit den Mitarbeitenden und den Eltern – vor allem, wenn diese pädagogische Dienste übernehmen – wird deshalb z. B. besprochen, welche Begrifflichkeiten in der Einrichtung verwendet werden sollen (Welche Worte finden wir gut? Warum? – Es gilt, Fantasiebegriffe zu vermeiden!).

> *Dies wird für Kinder beispielsweise bei der Unterstützung des Toilettengangs spürbar, wenn der/die Erzieher*in das Kind beim Freipinkeln unterstützen muss. Durch die korrekte sprachliche Begleitung, z. B. was das Mädchen* abwischen soll, lernt es ganz nebenbei, dass es sich gerade die Vulva abwischt und das Wort selbst keine negative oder schamhafte Bedeutung hat.*

Natürlich dürfen Familien privat weiterhin ihre eigenen Begriffe für Genitalien verwenden, es muss aber klar sein, dass in der Einrichtung möglichst wertfreie Worte genutzt werden.

Erwachsene helfen den Kindern bei Problemen.

Was ist das Präventionsziel für die Kinder? Kinder erleben Schutz und Unterstützung.

Warum wirkt das präventiv? Zu den Strategien von Täter*innen gehört häufig eine Verschiebung der Verantwortung zu den Kindern. Kinder haben das Gefühl einer „Mitschuld", was Aufdeckungsprozesse deutlich erschwert. Wenn Kinder erleben, dass sie bei Kummer und Problemen Hilfe und Unterstützung von Erwachsenen erhalten, besteht die Hoffnung, dass sie sich auch in anderen belastenden Situationen schneller an Erwachsene wenden.

*Wie muss das Verhalten der/des Mitarbeiter*in gestaltet sein, damit dies im Waldkindergarten gelingt?* Mitarbeiter*innen sind sensibel für den alltäglichen Unterstützungsbedarf der Kinder. Dieser kann nicht nur vom aktuellen Entwicklungsstand der Kinder abhängen, sondern muss auch die individuelle Situation berücksichtigen.

> *Beispiel: Aylin (4 Jahre) zieht ihre Regenhose schon ganz alleine an, aber heute ist sie sehr müde und braucht Hilfe.*

Sexueller Missbrauch ist Thema in der Einrichtung.

Was ist das Präventionsziel für die Kinder? Sie wissen, dass es Personen gibt, die Kindern wehtun und ihnen Angst machen, dies aber nicht in Ordnung ist.

Warum wirkt das präventiv? Die Kinder können so erfahren, dass sie es mit kompetenten und sprachfähigen Erwachsenen zu tun haben, die sie unterstützen, wenn ihnen Unrecht widerfährt.

*Wie muss das Verhalten des/der Mitarbeiter*in gestaltet sein, damit dies gelingt?* Zunächst gilt es die Tatsache, dass sexueller Missbrauch vorkommt, zu akzeptieren, ohne dies zu dramatisieren und die Kinder zu verängstigen. Es sollte stets abgewogen werden: Welche und wie viele Informationen brauchen Kinder in welchem Alter? Wichtig ist hier das deutliche Signal der Erwachsenen, dass kein Mensch das Recht hat, ihnen Angst zu machen oder sie zu verletzen. Dabei sollten Kinder in ihrer Individualität wahrgenommen werden

– jedes Mädchen* und jeder Junge* hat seine eigene Art und Weise mitzuteilen, wenn ihm oder ihr etwas nicht gefällt oder Angst macht.

Beispiel: Emre (5 Jahre) wird laut und geht aggressiv auf andere zu, Sina (3,5 Jahre) wird ganz leise und wendet sich ab. Kilian (4 Jahre) hat eine Bewegungseinschränkung aufgrund von Verbrennungen und verkrampft seine Muskeln, wenn er in einer unangenehmen Situation ist.

Das Zentrale daran ist: Kein Mensch hat das Recht, sich darüber hinwegzusetzen! Wichtig im Kontakt und in Gesprächen mit Kindern ist, dass Gelegenheiten geschaffen werden, belastende Ereignisse oder sogar Geheimnisse zu erzählen. Bei Andeutungen des Kindes wird nachgefragt, aber nicht gedrängt (dabei sollten offene Fragen verwendet werden, z. B.: „Warum kannst du zur Zeit nicht gut schlafen?“).

Weitere zentrale Themen der Präventionsarbeit mit Kindern

- Kinder erfahren im Waldkindergarten, dass kein Mensch, egal, ob Kind oder Erwachsene*r, das Recht hat, ihnen Angst zu machen.
- Im Waldkindergarten wird ein Erfahrungsraum eröffnet, in dem Kinder selbst entscheiden können, welche Berührungen sie mögen und welche nicht.
- Kinder erleben in der Einrichtung, dass sie auch gegenüber Erwachsenen NEIN sagen dürfen.
- In der Einrichtung wird das Thema „gute und schlechte Geheimnisse“ thematisiert. Die Kinder erleben, dass es wichtig ist, schlechte Geheimnisse weiterzuerzählen.
- Die Einrichtung bietet den Kindern einen Erfahrungsraum, in dem sie erleben, dass sie sich Hilfe holen können, wenn es ihnen nicht gut geht, auch wenn es jemand verboten hat.
- Kinder haben viele Rechte, die in der Einrichtung erfahrbar werden.

Kindern das Sprechen über sexuellen Missbrauch erleichtern

Kindern fällt es häufig schwer, über erlebten sexuellen Missbrauch zu berichten. Mitarbeiter*innen in Kindertageseinrichtungen und somit auch Waldkindergärten können im pädagogischen Alltag mit den Kindern hierbei unterstützend arbeiten (vgl. Bange 2011, S. 47 ff.). Im Folgenden werden drei Aspekte aufgezeigt, die eine Aufdeckung erschweren und Hinweise für präventive Maßnahmen geben.

Kinder berichten seltener von Grenzüberschreitungen durch Täter*innen des gleichen Geschlechts. Jungen* berichten seltener.

Im Alltag der Einrichtung sollte deshalb Homophobie entgegengewirkt werden. Durch die Gestaltung der Hütte, des Bauwagens oder Tipis, beispielsweise mit selbst gemalten Bildern von verschiedenen Beziehungs- und Familienkonstellationen, lernen die Kinder, dass Vielfalt schön ist und im Waldkindergarten akzeptiert wird. Eine alltägliche, geschlechterrollenöffnende Pädagogik wirkt zudem traditionellen Rollenbildern wie dem vom starken Jungen* entgegen. Sätze wie „Ein Indianer kennt keinen Schmerz" gelten hier also nicht.

Kinder mit Migrationshintergrund erzählen seltener.

Die Einrichtung sollte ihren Alltag so gestalten, dass sie Identifikationsmöglichkeiten für alle schafft, damit Selbstbewusstsein gefördert und Diskriminierungen entgegengewirkt wird. Alle Kinder sollen in der Einrichtung einen Raum finden, in dem sie sich wohlfühlen und anerkannt sehen. Auf der anderen Seite dürfen spezifische Probleme nicht generell auf „Familien mit Migrationshintergrund" übertragen werden – die individuelle Lebenssituation muss immer Vorrang vor der Herkunft haben.

Betroffene Kinder haben oft Schuldgefühle und schämen sich.

Aus diesem Grunde ist es wichtig, Kindern das Gefühl zu vermitteln, dass sie sich mit ALLEN problematischen Situationen an Erwachsene wenden können. In der Präventionsarbeit gilt es, den Kindern Gelegenheiten zu schaffen, um auch von schambehafteten Dingen zu erzählen. Ein Grenzen achtender und respektvoller Umgang miteinander zeigt Kindern auf, dass es Dinge gibt, die niemand mit ihnen machen darf und dass sie sich bei Erwachsenen Hilfe holen können. Auch ein Waldkindergarten sollte sich hier mit den Kinderrechten auseinandersetzen und diese im Alltag leben (vgl. ebd.).

Wie sollten Präventionsangebote für Mädchen* und Jungen* aufgebaut sein?

Hierzu stehen eine Vielzahl von Methoden und Materialien, wie beispielsweise Selbstbehauptungskurse, Bücher oder Theaterstücke, zur Verfügung. Weiterhin existiert eine Bandbreite an kindgemäßen Formen des Lernens und Verstehens - sei es durch Malen, Erzählen, Spielen, Vorlesen von Büchern, Basteln oder Singen. Mit Blick auf die Wirkung dieser Angebote gilt festzuhalten, dass Kinder Präventionsbotschaften besser aufnehmen, wenn die Maßnahmen langfristig und wiederkehrend angelegt sind. Vor allem, wenn Mädchen* und Jungen* sich aktiv beteiligen können, sind die deutlichsten Effekte nachgewiesen (vgl. Kindler & Schmidt-Ndasi, 2011, S. 38 f.). Bei der Methodenwahl spielen auch die Präferenzen des Fachpersonals eine Rolle. Arbeitsmittel, die von Mitarbeiter*innen persönlich abgelehnt werden, vermitteln auch den Kindern unterschwellig Unklarheiten (vgl. Braun 2002, S. 436 f.). Das Wichtigste bleibt jedoch, dass diese Präventionsprinzipien in der Einrichtung auch gelebt und von den Fachkräften im alltäglichen Kontakt mit Mädchen* und Jungen* umgesetzt werden.

Damit Präventionsangebote mit Mädchen* und Jungen* erfolgreich sind, gilt es darauf zu achten, dass die Angebote handlungsorientiert sind. Eine erfolgreiche Prävention mit Mädchen* und Jungen* beinhaltet unterschiedliche Methoden, genügend Zeit für Gespräche und vor allem eine gewisse Regelmäßigkeit in der Durchführung, damit sich die vermittelten Inhalte im Handlungswissen der Kinder verstetigen können (vgl. Bange 2002, S. 450 ff.). Eine Integration in den erzieherischen Alltag der Einrichtung sollte also in jedem Fall punktuellen bzw. temporären Projekten vorgezogen werden!

Prävention kann immer auch aufdeckend wirken. Es ist möglich, dass in einer Kindergruppe bereits betroffene Kinder dabei sind. Deshalb sollten Erwachsene bei Präventionsangeboten immer reflektieren, welche Botschaften sie dabei vermitteln: Kinder sollen lernen, ihre eigenen Grenzen wahrzunehmen und für sie einstehen zu dürfen. Es muss ihnen aber auch immer wieder deutlich gemacht werden, dass sie nicht die Verantwortung dafür tragen, wenn jemand über ihre Grenze hinweggegangen ist. Prävention zeigt den Kindern ganz deutlich, dass sie - egal, was passiert ist - niemals schuld an einem sexuellen Missbrauch sind (vgl. Bange 2002, S. 448). Zusätzlich ist hier auch Interventionskompetenz bei den Erwachsenen gefragt: Um ansprechbar zu sein, muss ich wissen, wo ich Beratung bekomme und wie ich in einer konkreten Situation achtsam, stärkend und verlässlich reagieren kann.

Kinder sind keine kleinen Erwachsenen.

Bei allen Maßnahmen, die zum Ziel haben, Kinder in ihren Rechten und Kompetenzen zu stärken, gilt zu beachten: Kinder brauchen Nähe, Fürsorge und Trost. Sie brauchen Erwachsene, die sich um ihr Wohlergehen kümmern. Das bedeutet, dass sich Partizipation und Stärkung an der Entwicklung, dem Alter und den individuellen Fähigkeiten der Kinder orientieren muss und die Bedürfnisse von Kindern nicht aus den Augen verlieren darf. Angebote, die sich direkt an Kinder wenden, haben meist das Ziel, deren Fähigkeit zur Selbstbestimmung zu fördern. Das ist grundlegend positiv, aber es gilt immer wieder zu beachten, sie damit nicht zu überfordern. Es ist der Auftrag der erwachsenen Bezugspersonen, parallel zur Förderung der Autonomie stets deutlich zu machen: „Ich bin für dich da! Ich helfe dir, wenn du nicht weiterkommst! Du musst nicht für alles selber eine Lösung finden. Hilfe holen ist auch eine Stärke! Ich tröste dich und sorge für dich."

Zusammenfassung

Ein Schutzkonzept zum Schutz von Mädchen* und Jungen* vor sexueller Gewalt ist ein wichtiger Schritt. Greift dieser aber zu kurz, werden diese Bemühungen nicht als präventive Erziehungshaltung im Alltag der Kinder spürbar. Es ist wichtig, Kindern zentrale Botschaften, wie beispielsweise das Recht auf Selbstbestimmung über ihren Körper, zu vermitteln. Die Fachkräfte müssen kompetente Ansprechpersonen für Kinder sein und altersgerecht signalisieren: „Ich weiß, dass es sexuellen Missbrauch gibt. Ich nehme dich ernst!"
Neben einer präventiven Erziehungshaltung können auch gezielte Maßnahmen zur Prävention, zum Beispiel durch die Stärkung des Selbstbewusstseins und das Vertrauen auf die eigenen Gefühle, sinnvoll sein. Diese sollten jedoch immer vor einem fachlichen Hintergrund kritisch geprüft und sensibel durchgeführt werden. Präventive Maßnahmen können immer auch aufdeckend wirken, deshalb sollte die eigene Sicherheit zum Vorgehen im Verdachtsfall vorab vorhanden sein. Sind solche Maßnahmen und Haltungen allerdings in einer Einrichtung verfestigt, lässt sich sicher feststellen: Prävention kann Spaß machen!

Literatur

Bange, D. (2002): Prävention mit Kindern. In: Bange, D., Körner, W. (Hrsg.): Handwörterbuch Sexueller Missbrauch. Göttingen: Hogrefe. S. 447–455.

Bange, D. (2011): Eltern von sexuell missbrauchten Kindern. Reaktionen, psychosoziale Folgen und Möglichkeiten der Hilfe. Göttingen: Hogrefe.

Braun, G. (2002): Prävention in der Kindertagesbetreuung. In: Bange, D., Körner, W. (Hrsg.): Handwörterbuch Sexueller Missbrauch. Göttingen: Hogrefe. S. 433–438.

Kindler, H. (2015): Prävention von sexuellem Missbrauch – Möglichkeiten und Grenzen. In: Fegert, J. M., Hoffmann, U., König, E., Niehues, J. & Liebhardt, H. (Hrsg.): Sexueller Missbrauch von Kindern und Jugendlichen. Ein Handbuch zur Prävention und Intervention für Fachkräfte im medizinischen, psychotherapeutischen und pädagogischen Bereich. Berlin Heidelberg: Springer-Verlag. S. 352–360.

Kindler, H. & Schmidt-Ndasi, D. (2011): Wirksamkeit von Maßnahmen zur Prävention und Intervention im Fall sexueller Gewalt gegen Kinder. Herausgegeben von AMYNA e. V. DJI, München.

Yvonne Oeffling, Anja Bawidamann

Vom Einstellungsgespräch in der Jurte

Prävention von sexuellem Missbrauch als Leitungskraft umfassend gestalten

Berichte über Vorfälle von sexuellem Missbrauch in Kinderläden, über Verdachtsfälle oder tatsächliche sexuelle Grenzüberschreitungen in Elterninitiativen machen deutlich, dass es nicht nur in „klassischen“ Kinderbetreuungseinrichtungen notwendig ist, Präventionsmaßnahmen zu implementieren. Auch Waldkindergärten mit ihren spezifischen räumlichen und strukturellen Gegebenheiten sind gefordert, präventive Strukturen in ihrer Organisation zu verankern. Dabei haben Leitungskräfte und Trägervertreter*innen eine besondere Verantwortung.

Waldkindergärten sind häufig als Elterninitiativen organisiert, dadurch ergeben sich Besonderheiten, die gerade bei der Implementierung von Präventionsmaßnahmen eine Rolle spielen. Der folgende Beitrag möchte den Blick auf verschiedene Handlungsfelder von Leitungen und auch Trägervertreter*innen (oft Eltern) richten. Für die Implementierung der Prävention von sexuellem Missbrauch als Organisationsprozess brauchen Leitungen und Trägervertreter*innen spezifisches Wissen. Es wird dargestellt, wie der Wandel in einem Organisationsprozess, die Vorbildfunktion von Leitungen und die Gewährleistung von Kontinuität geleistet werden können.

Zuletzt wird an vier Punkten exemplarisch verdeutlicht, wie Prävention von sexualisierter Gewalt durch ein strategisches Personalmanagement verankert werden kann. Im Folgenden wird sowohl von Leitungen als auch von Trägervertreter*innen (für Elterninitiativen) gesprochen.

Wandel gestalten – Organisationsprozesse steuern

Ein akuter Druck ist meist der Auslöser für einen umfassenden Veränderungsprozess innerhalb einer Institution (vgl. Metz 2010). Die geänderte Gesetzeslage im Bereich des Kinderschutzes durch das Bundeskinderschutzgesetz, aber auch Initiativen, wie beispielsweise die Kampagne „Kein Raum für Missbrauch“ des UBSKM, können für Einrichtungen solche Ansatzpunkte sein. Auch durch Auflagen der betriebserlaubniserteilenden Behörde können sie unter Druck geraten, einen Wandel innerhalb ihrer Organisation voranzutreiben, um ihr Handeln an die gesetzlichen Gegebenheiten anzupassen.

Der Wandel kann dabei nur gelingen, wenn alle Beteiligten in einem Boot sitzen. Sowohl die Leitung der Einrichtung als auch das Team muss wissen, was sich ändern wird. Veränderung bedeutet dabei nicht nur das Betrachten der vorhandenen Strukturen und Gegebenheiten. Es bedeutet vor allem eine Anpassung oder Veränderung von Paradigmen der Institution (vgl. Metz 2010).

Dies stellt eine hohe Herausforderung für Trägervertreter*innen und Leitungskräfte dar. Sie sind zum einen direkt von diesen Veränderungen betroffen, gleichzeitig sind sie gefordert, ihren Mitarbeiter*innen als Vorbild zu dienen und sie mit ihren Sorgen und Ängsten ernst zu nehmen. Diese Aufgaben gilt es zu meistern, ohne die Steuerung des Prozesses aus den Augen zu verlieren. Eine komplexe Aufgabe, die nicht nur organisatorisches Geschick, sondern auch Fingerspitzengefühl erfordert (vgl. Metz 2010).

Externe Hilfe, Umgang mit „blinden Flecken“

Sowohl bei der Intervention und Aufarbeitung als auch bei der Implementierung präventiver Strukturen ist es sehr zu empfehlen, externe Hilfen durch Fachstellen in Anspruch zu nehmen. Die Einführung und die Auswahl von effektiven präventiven Maßnahmen erfordert ein komplexes Wissen aus Erkenntnissen der Täterinnen- und Täterforschung sowie zu Missbrauch in Institutionen, der

Dynamik in Systemen und nicht zuletzt auch Grundkenntnisse des Change Managements. Im Bereich der Wirtschaft wird seit Jahrzehnten erfolgreich auf die Kompetenz von Organisationsberaterinnen und Organisationsberatern gesetzt, wenn es um die Umstrukturierung oder Neuorientierung von Konzernen geht. Dieses Erfolgsmodell sollte auch vom sozialen Sektor nicht unterschätzt werden.

Rollenklarheit zwischen den Leitungspersonen

Waldkindergärten haben aus ihrer Historie heraus oftmals spezifische Leitungsmodelle. Die Idee des Waldkindergartens wird auf die dänische Mutter Ella Flatau zurückgeführt. Auch in Deutschland beruht die Gründung eines Waldkindergartens häufig auf dem Engagement von Eltern und Erzieher*innen (vgl. Schaffert 2004). Waldkindergärten sind also häufig in Trägerschaft eines kleinen Elternvereins und werden als sog. Elterninitiativen geführt. Durch diese Organisationsform ergeben sich einige Besonderheiten, die gerade bei der Implementierung von Präventionsmaßnahmen eine Rolle spielen können.

In vielen Elterninitiativen gibt es freundschaftliche Beziehungen unter den Eltern, aber auch zwischen den Erzieher*innen und Eltern. Es gibt gute Gründe für diese spezifische Form der Kinderbetreuung. Im Sinne der Prävention von sexueller Gewalt gilt es jedoch zu prüfen, inwieweit sich diese Strukturen auf die erarbeiteten Präventionsmaßnahmen auswirken. Besonders mit Blick auf die Leitungsverantwortung ist es wichtig, Zuständigkeiten zu klären und transparent zu machen. Grundsätzlich gilt: Transparenz gibt Sicherheit!

Wer entscheidet über die Pädagogik?

Eltern haben in Elterninitiativen vielfache Möglichkeiten der Mitbestimmung und Mitgestaltung. Gerade wenn es um Fragen des Kinderschutzes geht, sollte klar geregelt sein, wer in welchen Fällen und mit welcher Qualifikation die Fallverantwortung übernimmt, und sichergestellt werden, dass die Verpflichtungen nach §§ 8a und 45ff SGB VIII funktionieren.

Klar ist: Jede Elterninitiative und jeder Waldkindergarten ist anders strukturiert. Wichtig ist deshalb, für diese Verpflichtungen Transparenz zu schaffen, wer für welche Aufgabe zuständig ist. Eine schriftliche Fixierung hilft, dass alle Leitungspersonen, sowohl der ehrenamtlich gewählte Vorstand als auch die hauptberufliche Leitung der Einrichtung, Sicherheit darüber haben, welche Leitungsverantwortung sie haben. Diese Verantwortung sollte sich allerdings nicht nur nach der Organisationsstruktur richten, sondern auch nach den vorhandenen Kompetenzen.

Eltern als Arbeitgeber*innen

Ein Waldkindergarten mit ein bis zwei pädagogischen Fachkräften ist im Grunde genommen ein Kleinbetrieb, der organisiert werden will. Von der Einstellung des Personals bis hin zur Gehaltsabrechnung gibt es einige Punkte zu klären. Als Trägerverein, in dem häufig alle Eltern Mitglied sind, einige sogar eine gewählte Funktion übernehmen, ist man als Mutter* oder Vater* also auch Arbeitgeber*in für die Erzieher*innen. Das bedeutet, der Trägerverein bzw. seine gewählten Vertreter*innen haben eine Personalverantwortung, die teilweise auch an die Leitung übertragen werden kann, aber in vielen Teilen beim Vorstand verbleibt. Auf was sollte also bei neuen Mitarbeiter*innen Wert gelegt werden? Inwieweit kann die Motivation für den Kinderschutz aufgezeigt werden? Und wer ist dann verantwortlich, wenn Mitarbeiter*innen sich nicht an die Präventionsmaßnahmen halten? Insbesondere wenn die eigenen Kinder des Vorstandes betroffen sind, wird es immer schwieriger, die Doppelrolle abzugrenzen. Daher ist eine klare Trennung der Verantwortung und Zuständigkeiten im Vorfeld eines Verdachts dringend zu klären.

Vorbildfunktion der Leitung und Trägervertreter*innen

„Chefs wirken immer als Vorbilder, im Guten wie im Schlechten." (Barié 2017) Das Handeln von Leitungen ist immer auch ein Spiegelbild des Handelns der Mitarbeiter*innen der Institution. Von Leitungskräften wird täglich ein breites Spektrum an Eigenschaften gefordert, um dieser Vorbildfunktion nachzukommen.

Ganz praktisch muss diese Vorbildfunktion auch für die Mitarbeiter*innen erlebbar zu sein. Leitungen und Trägervertreter*innen sind gefordert, in ihrem Tun deutlich werden zu lassen, wie ein wertschätzender, Grenzen achtender Umgang mit Kindern, Eltern, Kolleg*innen etc. in der Waldkita aussehen soll.

Kontinuität gewährleisten

Eine präventive (Erziehungs-)Haltung fällt nicht vom Himmel. Deshalb ist es eine zentrale Leitungsaufgabe, immer wieder das Thema Prävention von sexuellem Missbrauch auf die Agenda zu setzen. Im Austausch mit dem Team gilt es immer wieder Kommunikationsbarrieren zu erkennen und aufzulösen (vgl. Weber 2011, S. 242 f.). Prävention von sexuellem Missbrauch soll als Teil der Organisationsentwicklung gesehen werden, für die sowohl Leitungen als auch Trägervertreter*innen die Prozessverantwortung übernehmen.

Eine Leitung beschrieb in einem AMYNA-Seminar folgende Situation: „Auch wenn das Schutzkonzept ausgearbeitet ist, ist man nie wirklich ganz fertig. Eine Einrichtung ist ja immer im Wandel. Neue Mitarbeiter*innen kommen, andere gehen in Elternzeit oder waren bei der letzten Besprechung krank ... Ich hab das jetzt so gemacht, ich hab einfach die verschiedenen Themen als Fixpunkte in der Jahresplanung der Teamsitzungen verankert. Ganz genau wie Hygienebelehrungen sind jetzt Schutzvereinbarungen, der Krisenleitfaden oder auch unsere Standards zur Partizipation fest eingeplant, so wird sichergestellt, dass alle Mitarbeiter*innen die Vereinbarungen nicht aus den Augen verlieren und wir kontrollieren können, ob wir sie ggf. anpassen müssen."

Die Trägervertretung und die Leitung sind auch verantwortlich für die Gewährleistung des Dienstbetriebs innerhalb der Einrichtung. Eine zu geringe Personaldichte oder eine Überforderung der Mitarbeiter*innen kann eine Hürde sein, die verhindert, dass Prävention von sexualisierter Gewalt gelingt oder Bestrebungen nachhaltig gelebt werden. Kontinuität zu gewährleisten, bedeutet also auch, den Prozess der Implementierung des Schutzkonzeptes zu verlangsamen, wenn die Rahmenbedingungen innerhalb der Organisation schwierig werden. Aber Achtung: Den perfekten Moment, einen solchen Prozess zur Entwicklung eines Schutzkonzeptes zu starten, gibt es selten und „stressige Zeiten" sollten nicht zur Dauerausrede dienen, überhaupt anzufangen. Es gilt vielmehr, achtsam mit den vorhandenen Ressourcen umzugehen und ggf. in kleineren Schritten vorranzugehen.

Strategisches Personalmanagement

Um Prävention von sexualisierter Gewalt nachhaltig zu implementieren, ist es entscheidend, dass Mitarbeiter*innen dies nicht als eigenen Arbeitsbereich verstehen, sondern dazu angeleitet werden, präventive Elemente in ihrer alltäglichen Arbeit zu verankern. Prävention von sexuellem Missbrauch und sexualisierter Gewalt sollte auch als eine grundlegende (Erziehungs-)Haltung verstanden werden, die in der täglichen pädagogischen Arbeit wirkt (vgl. Unterstaller & Härtl 2003, S. 6).

Qualifizierung von Personal

Grundsätzlich gilt, dass gut geschultes und qualifiziertes Personal zu einem der elementarsten Grundsteine eines Schutzkonzeptes zählt. Maßnahmen der Prävention sexualisierter Gewalt können nur dann ihre Wirksamkeit entfalten, wenn die Mitarbeiter*innen, die sie umsetzen sollen, auch den Sinn und Zweck dahinter verstehen. Deshalb sollten Leitungskräfte der Qualifizierung von Personal ein besonderes Augenmerk widmen und hier auch immer eventuelle Bedarfe von pädagogisch eingesetzten Eltern bei der Erhebung von Qualifikationsbedarfen mitdenken.

Zusammenfassend ist festzustellen, dass die Qualifizierung von Mitarbeiter*innen vier Dimensionen erfassen sollte:

- Auseinandersetzung mit persönlichen Grenzen und den eigenen Vorstellungen über sexuellen Missbrauch
- Grundkenntnisse zu Definitionen, Daten und Fakten im Bereich sexueller Missbrauch und sexualisierter Gewalt
- Entwicklung von Strategien und Handlungsmöglichkeiten für den pädagogischen Alltag
- Kenntnisse zu Hinweisen und Leitlinien zum Umgang mit Vorfällen aus dem Bereich der sexuellen Grenzüberschreitungen

Personalauswahl

Schon bei der Personalbeschaffung ist es wichtig, das Thema Prävention von sexuellem Missbrauch zu verankern. Auch wenn die Methoden von Täter*innen sehr subtil sind und ein Screening von Bewerber*innen eher der allgemeinen Abschreckung dient, wird mit dieser Maßnahme Transparenz darüber hergestellt, dass die Betrachtungsweise von Gefährdungsmomenten zur Kultur der Organisation gehört (vgl. Conen 2007, S. 21).

Für den Entscheidungsprozess der Personalauswahl sollte ausreichend Zeit eingeplant werden. Unter Zeitdruck treffen Leitungskräfte oft Kompromisslösungen (vgl. Conen 2007, S. 22). Dies ist vor allem für sehr kleine Einrichtungen, die nur aus zwei bis drei hauptamtlichen Mitarbeiter*innen bestehen, eine große Herausforderung. Es lohnt sich jedoch, solche Zeiten so vorzuplanen, dass keine unglücklichen Kompromisse eingegangen werden müssen, da auch unzureichend qualifiziertes Personal die Arbeit des gesamten Teams erschweren kann. Vor allem in Elterninitiativen bestehen auch kreative Möglichkeiten, Krisenzeiten eventuell besser auffangen zu können. So entsteht ein „Puffer", der qualifiziertere Entscheidungen möglich macht.

Bereits in der Ausschreibung sollte über das Schutzkonzept zur Prävention sexualisierter Gewalt informiert werden. Dies hat zum einen eine abschreckende Wirkung, zum anderen wird bereits vor einem Anstellungsverhältnis über die Kultur der Organisation in diesem Themenbereich informiert.

Bei der Sichtung der Bewerbungsunterlagen sollte der Aspekt der Prävention von sexualisierter Gewalt einfließen. So ist eine Analyse des Lebenslaufes und des Zeugnisses bzw. der Arbeitsbescheinigung ratsam. Dabei sollte besonders auf kritische Stellenwechsel geachtet werden. Hier sind Arbeitsverhältnisse gemeint, die „im gegenseitigen Einvernehmen“ beendet wurden oder bei denen nur eine Arbeitsbescheinigung – statt eines qualifizierten Zeugnisses – ausgestellt wurde. Auch bei Arbeitsverhältnissen, bei denen verhaltensbedingte Kündigungen ausgesprochen wurden, die von sehr kurzer Dauer waren oder mit einem schlechten Zeugnis abgeschlossen wurden, sollte spätestens beim Bewerbungsgespräch kritisch nachgefragt werden (vgl. Werner 2011, S. 18).

Im Rahmen des Bewerbungsgespräches sollte anhand einer standardisierten Frageliste – auch mit Fragen zu Nähe und Distanz und Prävention – vorgegangen werden. Dies hilft, die Antworten der einzelnen Bewerber*innen zu vergleichen. Entscheidend bei der Bewertung der Antworten sollte nicht sein, ob der oder die zukünftige Mitarbeiter*in die perfekte Antwort laut Lehrbuch gegeben hat. Die Antworten der/des Bewerber*in geben der Leitungskraft vielmehr eine Einschätzung darüber, wie reflektiert der Themenbereich bei der/dem Bewerber*in verankert ist und mit welcher Grundhaltung der/die Bewerber*in arbeitet.

Nach Abschluss der Personalauswahl sollten auch im Arbeitsvertrag oder im Rahmenvertrag der Dienstvereinbarungen die Grundsätze der Prävention von sexuellem Missbrauch, bspw. die internen Schutzvereinbarungen, von der/dem zukünftigen Mitarbeiter*in zur Kenntnis genommen und unterschrieben werden. Vor allem in Elterninitiativen sollten auch neuen Familien diese Grundsätze vermittelt werden und von ihnen unterschrieben zurückgefordert werden. So werden diese auch zur Voraussetzung für Elterndienste und werden von allen Beteiligten des pädagogischen Alltags mitgetragen.

Einarbeitung neuer Mitarbeiter*innen

Bei der Einarbeitung von neuen Mitarbeiter*innen sollte das Thema Kinderschutz ein fester Bestandteil des Einarbeitungsplans sein. Dieses Themengebiet sollte die Inhalte und Standards des Schutzkonzeptes zur Prävention sexualisierter Gewalt der Institution (Schutzvereinbarungen, Leitlinien zum Grenzen achtenden Umgang usw.), das Beschwerdemanagement für Mitarbeiter*innen sowie die Erklärung der Leitungs- und Trägerstrukturen der Organisation umfassen. Insbesondere 1:1-Kontakte (bspw. Toilettengang, Umziehsituationen, ...) sollten erst dann durch neue Mitarbeiter*innen begleitet werden, wenn eine Beziehung zu den Kindern aufgebaut ist. Dieser Prozess sollte in der Einarbeitung schrittweise begleitet werden. Es gilt zu prüfen, ob der/die Mitarbeiter*in weitere Qualifikationen benötigt und dies ggf. durch externe Fortbildungsangebote abzudecken. Vor allem in Teams, in denen nur wenige Mitarbeitende angestellt sind, muss dieser Prozess gut vorbereitet sein, um diese anfängliche Zeit zufriedenstellend organisieren zu können.

Teamsitzungen gestalten

Leitungskräfte sind gefordert, das Thema Prävention sexualisierter Gewalt regelmäßig in Teamsitzungen einzubringen. Eine gut strukturierte Teamsitzung ist dabei eine wichtige Komponente, damit die inhaltliche Diskussion nicht den allgemeinen organisatorischen Punkten aus Zeitgründen weichen muss. Es wäre unrealistisch, alle Aspekte des Schutzkonzeptes in einer Teamsitzung zu besprechen und zu reflektieren. Leitungskräfte sind, wie im Beispiel oben bei „Kontinuität gewährleisten" aufgeführt, zudem gefordert, kleine Pakete zu schnüren und lieber ein einzelnes Element, wie z. B. Schutzvereinbarungen, zu diskutieren und ggf. an die geänderten Bedingungen anzupassen (siehe Punkt „Kontinuität gewährleisten").

Die Einbindung von Prävention in die verschiedenen Elemente des Personalmanagements ist eine wichtige Komponente, um Mitarbeiter*innen Handlungssicherheit und Rückendeckung für ihr fachliches Handeln zu vermitteln. Es geht dabei nicht um eine

„Abfragestunde" von richtig oder falsch. Ganz im Gegenteil! Die Maßnahmen sollen dazu anregen, Sprachbarrieren zu überwinden und in den fachlichen Diskurs mit den Kolleg*innen zu gehen. Nur so kann Qualität – auch im Sinne des Kinderschutzes – weiterentwickelt werden.

Fazit

In der langjährigen Erfahrung in der Beratung und Begleitung von Organisationen bei der Entwicklung von Schutzkonzepten zur Prävention von sexualisierter Gewalt wurde deutlich, dass Leitungskräfte eine zentrale Rolle zum Erfolg dieses Prozesses beitragen. Sie sind Steuermann*/Steuerfrau* und Teil der Crew zugleich, was für Leitungskräfte keine neue, aber gerade bei diesem sehr emotional belasteten Handlungsfeld eine große Herausforderung darstellt. Von ihnen wird viel erwartet und es ist wichtig, Leitungskräfte auf diese Aufgabe gut vorzubereiten. Sie brauchen einen Fahrplan, der ihnen Sicherheit gibt.

Wir sollten ihnen deshalb spezifisches Wissen an die Hand geben, damit sie in die Lage versetzt werden, diesen Erwartungen entsprechen zu können. AMYNA e. V. macht seit Jahrzehnten sehr gute Erfahrungen damit, Leitungskräfte zu schulen, damit sie Prävention in ihren Institutionen gestalten können. Wie die Ausführungen dieses Beitrages deutlich machen, umfasst spezifisches Wissen für Leitungskräfte mehr als nur das Kennen der Daten und Fakten zum Thema sexualisierte Gewalt. Spezifische Schulungen für Leitungskräfte sind also gefragt.

Literatur

Barié, C. G.: Sind Führungskräfte Vorbilder? http://www.zeitblueten.com/news/fuehrungskraft-als-vorbild/ (Abgerufen am 12.09.2017).

Conen, M-L. (2007): Arbeitshilfe für die Personalauswahl zur Vermeidung pädosexueller MitarbeiterInnen. In: Deutsches Jugendinstitut e. V. (Hrsg.): IzKK-Nachrichten – Sexualisierte Gewalt durch Professionelle in Institutionen. 1/2007. München.

Metz, F. et.al. (2010): Change Management. Personalentwicklungs-Box (CD). Sonderausgabe Personal entwickeln. Deutscher Wirtschaftsdienst: Wolters Kluwer.

Schaffert, S.: Der Waldkindergarten. https://www.kindergartenpaedagogik.de/1216.html (Abgerufen am 29.01.2019).

Unterstaller, A. & Härtl, S. (2003): „Raus aus der Nische!". In: Unterstaller, A. & Härtl, S. (Hrsg.): Raus aus der Nische! Prävention von sexuellem Missbrauch als fester Bestandteil pädagogischen Handelns. München: AMYNA.

Weber, W. W. (2011): Sexueller Missbrauch in Organisationen und die Aufgaben des Managements – Wie Six Sigma in Institutionen mit Schutzbefohlenen möglich wird. In: Baldus, M. & Utz, R. (Hrsg.): Sexueller Missbrauch in pädagogischen Kontexten. Faktoren. Interventionen. Perspektiven. S. 235–247. Wiesbaden: VS Verlag für Sozialwissenschaften.

Werner, U. (2011): Missbrauch in der Sozialen Arbeit. In: Juventa Verlag GmbH (Hrsg.): Sozialmagazin – Die Zeitschrift für die Soziale Arbeit. 36. Jahrgang; Heft 3/2011. Weinheim.

Yvonne Oeffling

Fazit und Ausblick

„Wandlung ist notwendig wie die Erneuerung der Blätter im Frühling." (Vincent van Gogh)

Die Entwicklung eines Schutzkonzeptes ist immer eine Herausforderung. In der vorliegenden Publikation wurden Ideen und Impulse zusammengefasst, wie Waldkindergärten sich auf den Weg zum Schutzkonzept machen können.

Prävention von sexuellem Missbrauch ist eine der Rahmenbedingungen für qualitativ hochwertige Pädagogik in Waldkindergärten. Das bedeutet, dass es wichtig ist, Prävention nicht nur in den Strukturen, sondern auch im Alltagshandeln einer Einrichtung erlebbar zu machen. Pädagog*innen sollen Prävention leben und gestalten. Kinder erfahren so zum Beispiel, dass ihre Meinung gehört wird und sie Hilfe und Unterstützung von Erwachsenen erwarten können. Wenn Prävention mit Kindern direkt in den Alltag der Einrichtung eingebettet ist, können diese Angebote eine weitreichende Wirkung entfalten.

Ein Merkmal von Waldkindergärten ist ihre Organisationsform. Häufig sind Eltern als Unterstützung im pädagogischen Alltag tätig. Doch was bedeutet es im Sinne eines Schutzkonzeptes, wenn Eltern pädagogische Aufgaben übernehmen? Gerade beim Thema Nähe und Distanz ist es wichtig, diese verschiedenen Rollen genau zu betrachten und differenzierte Regelungen zu finden, die sich an fachlichen Kriterien orientieren und nicht an persönlichen Befindlichkeiten. Auch die Zuständigkeiten im Bereich des Schutzauftrags bei Kindeswohlgefährdung gemäß §8a SGB VIII sollten allgemein gültig geklärt sein.

Präventive Personalführung ist für Leitungskräfte eine hohe Anforderung. Dies wird in einigen Waldkindergärten durch die Struktur als Elterninitiative verstärkt. Häufig liegt die Personalführung in den

Händen von ehrenamtlichen Vorständen, die Personalverantwortung gegenüber dem pädagogischen Personal haben. In ruhigen Gewässern sind diese Strukturen manchmal herausfordernd, in Krisen können sie dagegen kurz vor dem Kentern stehen. Deshalb ist es dringend notwendig, dass es eine Idee dazu gibt, wie Personalführung im Sinne eines Schutzkonzeptes aussehen kann.

Einige Gedanken zum Schluss ...

Waldkindergärten leben von Vielfalt! Gerade bei der Entwicklung von Schutzkonzepten ist es wichtig, diese Vielfalt zu beachten und gleichzeitig den Blick auf die Kinder nicht zu verlieren. Seien es die Eltern im Kinderdienst oder der ehrenamtliche Vorstand – die Akteur*innen in Waldkindergärten treffen in vielfältigen Rollen aufeinander, deshalb bedarf es einer guten Reflexion. Gerade die steuernden Akteur*innen brauchen eine Offenheit für den Wandel und die Bereitschaft, sich immer wieder in verschiedene Rollen einzufühlen, damit Schutzkonzepte in Waldkindergärten nachhaltig verankert werden können.

In den vergangenen Jahren wurde viel publiziert: Handbücher, Lehrbücher, Praxistipps und Ähnliches gibt es zuhauf für die Entwicklung von Schutzkonzepten in pädagogischen Organisationen. Für Waldkindergärten sind diese Veröffentlichungen nur selten passgenau. Sie sind immer wieder gefordert, die Empfehlungen für ihre Rahmenbedingungen zu „übersetzen". Das bedeutet beispielsweise, einzelne Bausteine anhand konkreter Alltagssituationen durchzudenken und die Zugangswege für Kinder, Eltern und Pädagog*innen zu hinterfragen.

Hinter einem Waldkindergarten steht häufig kein großer Träger. Das bedeutet, dass viel Last auf den Schultern der einzelnen Kita liegt, wenn es darum geht, ein Schutzkonzept zu entwickeln. Vernetzungskontakte und Fachverbände können helfen, diese Last zu reduzieren und Synergien zu schaffen.

Der Alltag in Waldkitas ist so vielfältig wie die Kinder, die dort betreut werden. Dementsprechend können diese Maßnahmen und Hinweise die Grundlage für erste Schritte auf dem Weg zu einem

Schutzkonzept bieten. Dabei gilt immer: Wenn alle miteingebunden werden und Kinderschutz als grundsätzliche Haltung in der Kita verstanden wird, wird sicher deutlich, dass Prävention Spaß macht!

Anhang ...

Kriterien für Bilderbücher und externe Präventionsangebote

Bilderbücher

Der Markt der Möglichkeiten im Bereich Bilderbücher ist für den Bereich Prävention sehr umfangreich. Jedoch sind unter den Veröffentlichungen aus Sicht von AMYNA nicht nur geeignete Materialien.

Mit folgenden Checklisten möchten wir Ihnen die Bewertung von Bilderbüchern erleichtern, um die richtige Wahl für Ihr Angebot zu finden. Die Listen haben keinen Anspruch auf Vollständigkeit, sondern dienen lediglich zur Orientierung und Meinungsbildung.

Allgemeine Empfehlungen für Bilderbücher

- Die Bilder sind für Mädchen* und Jungen* ansprechend und altersgerecht.
- Das Verhältnis von Text und Bildern ist altersangemessen.
- Das Buch richtet sich an ALLE Kinder: Es gibt auch Identifikationsmöglichkeiten für Kinder mit unterschiedlichen sozialen Hintergründen: z. B. Kinder mit Migrationshintergrund, Mädchen* und Jungen* mit Behinderungen, aus Patchworkfamilien, Regenbogenfamilien, ...
- Die Geschichte des Buches ist im Grundsatz positiv und hat eine in sich abgeschlossene Handlung.

Das sollten Kinderbücher NICHT:

- Mythen und Klischees zu Täter*innen befördern (zum Beispiel der Mann, der mit der großen schwarzen Limousine am Spielplatz steht und die Kinder mit Gummibärchen ins Auto lockt)
- detaillierte Darstellungen von Missbrauchshandlungen abbilden
- verängstigende Informationen beinhalten

Themenfeld Sexualpädagogik

Je älter die Kinder sind, umso differenzierter sollten die folgenden Punkte dargestellt sein:

- Körperteile, Sexualorgane und biologische Vorgänge (Zeugung, Schwangerschaft, Geburtsvorgang) sind korrekt und altersgemäß beschrieben und dargestellt.
- Geschlechtsorgane sind vollständig und korrekt dargestellt: Neben den inneren Sexualorganen werden bei Mädchen* auch Vulva und Klitoris, bei Jungen* auch die Eichel benannt.
- Kindliche Sexualität wird als eigenständig und unterschiedlich zur Erwachsenensexualität beschrieben.
- Neben der Fortpflanzungsfunktion von Erwachsenensexualität werden auch die sozialen und emotionalen Seiten von Sexualität dargestellt.
- Sexualität und „miteinander schlafen“ wird nicht einfach mit heterosexuellem Geschlechtsverkehr gleichgesetzt, sondern umfassender und differenzierter gesehen.
- Es wird deutlich, dass Sexualität und Berührungen einvernehmlich sein müssen.
- Möglichkeiten der Abgrenzung bei unerwünschten Berührungen werden thematisiert.

Themenfeld Gefühle und Grenzen

Bilderbücher sind aus unserer Sicht geeignet, wenn sie in der Lage sind, den jungen Leser*innen folgende Botschaften zu vermitteln:

- Es wird vermittelt, dass Gefühle wichtig sind und Mädchen* und Jungen* diesen vertrauen können.
- Mädchen* und Jungen* dürfen über ihren Körper selbst bestimmen.
- Kein Mensch, egal, ob Kind oder Erwachsener, hat das Recht, Mädchen* und Jungen* Angst zu machen.
- Kinder können selbst entscheiden, welche Berührungen sie mögen und welche nicht.
- Mädchen* und Jungen* dürfen auch gegenüber Erwachsenen NEIN sagen.
- Gute und schlechte Geheimnisse werden thematisiert. Den Kinder wird vermittelt, dass es wichtig ist, schlechte Geheimnisse weiterzuerzählen.
- Mädchen* und Jungen* wird dargestellt, dass sie sich Hilfe holen können, wenn es ihnen nicht gut geht, auch wenn es jemand verboten hat.

Kriterien für externe Präventionsangebote

Ob Theaterstück oder Selbstbehauptungskurs – viele Einrichtungen tendieren dazu, Präventionsangebote mit Kindern durch externe Angebote zu ergänzen. Der Markt ist in den letzten Jahren in diesem Bereich stetig gewachsen und auch hier gibt es nicht nur gewinnbringende Angebote.

Damit Präventionsangebote mit Mädchen* und Jungen* erfolgreich sind, gilt es darauf zu achten, dass die Angebote handlungsorientiert sind. Wenn beispielsweise Rollenspiele in die Arbeit integriert sind, nimmt das Wissen über Handlungsstrategien bei Kindern zu. Eine erfolgreiche Prävention mit Mädchen* und Jungen* beinhaltet unterschiedliche Methoden, genügend Zeit für Gespräche und vor allem eine gewisse Regelmäßigkeit in der Durchführung, damit sich die vermittelten Inhalte im Handlungswissen der Kinder verstetigen können (Bange, 2002, S. 450–453).

Auch an dieser Stelle haben wir Ihnen eine Checkliste zur Orientierung zusammengestellt, die Sie auch weiter ergänzen können.

Hieran erkennen Sie gute Präventionsangebote mit Kindern

- Einbezug der Eltern
  - Die Eltern erhalten kursbezogene Informationen.
  - Sie erhalten Grundlageninformationen zu sexuellem Missbrauch und Strategien von Täter*innen.
  - Eltern werden Informationen vermittelt, wie sie Prävention im Alltag leisten können.
- Die Trainer*innen des Angebotes verfügen über Interventionskompetenz
  - Sie haben beispielsweise eine Zusatzqualifikation in Traumatherapie oder Krisenintervention.
  - Sie kennen das Vorgehen zum Schutzauftrag bei Kindeswohlgefährdung gemäß §8a SGB VIII oder sind sogar insoweit erfahrene Fachkräfte.
- Das Angebot ist mit Fachstellen vor Ort vernetzt
  - Das Angebot ist vernetzt mit einer spezialisierten Fachberatungsstelle zum Thema sexueller Missbrauch, mit dem Jugendamt oder sonstigen Interventionsstellen.
- Es handelt sich um ein geschlechtsdifferenziertes Angebot, welches Identifikationsmöglichkeiten für Mädchen* und Jungen* bietet. Dies ist im Konzept und der praktischen Arbeit berücksichtigt.
  - Das Angebot bietet Identifikationsmöglichkeiten für ALLE Mädchen* und Jungen*, dies ist sowohl im Konzept als auch in der praktischen Arbeit sichtbar.

- Verschiedene Lebenswelten von Kindern mit und ohne Behinderung werden berücksichtigt.
- Kinder mit Migrationshintergrund finden sich im Angebot wieder.
- Im Rahmen des Angebotes wird das Thema Sexualpädagogik in angemessener Weise beachtet.

• Es gibt eine konzeptionelle Verankerung des Themenbereichs.

• Eltern erhalten Informationen zum Thema.

• Das Angebot ist altersgerecht.

• Sprache, Inhalte und Methoden und auch der Zeitrahmen und die Gruppengröße sind an die Altersgruppe angepasst.

• Kinderrechte werden innerhalb des Angebotes vermittelt.
  - Die zehn Grundrechte aus der UN-Kinderrechtskonvention werden ganz bzw. teilweise vermittelt.

• Das Angebot vermittelt Präventionsregeln
  - Dein Körper gehört dir!
  - Es gibt schöne, seltsame und angenehme Berührungen.
  - NEIN sagen ist erlaubt!
  - Es gibt schöne und unangenehme Gefühle und Geheimnisse.
  - Hilfe holen ist kein Petzen!
  - Kinder haben KEINE Schuld!

• Das Angebot vermittelt Wissen zu sexuellem Missbrauch und Strategien von Täter*innen
  - Auch in Familien und im Bekanntenkreis gibt es mögliche Täter*innen - wer kann helfen?
  - Verantwortlich sind die Täter*innen.

- Die Verantwortung von Erwachsenen zum Schutz wird betont
  - An verschiedenen Stellen des Angebotes wird deutlich gemacht, dass die Erwachsenen zuständig sind, den Schutz zu gestalten.
- Wiederholung der zentralen Botschaften
  - Zentrale Inhalte werden wiederholt, damit diese besser im Gedächtnis bleiben.

So lieber nicht

Von Angeboten, die folgenden Arbeitsstil haben, empfehlen wir Abstand zu nehmen:

- Es werden reale Bedrohungssituationen simuliert.
- Es handelt sich um ein rein auf Selbstverteidigung ausgerichtetes Angebot.
- Die Kinder sollen selbst handeln, ihre Grenzen setzen und Techniken der Abwehr und Flucht erlernen.
- Eltern werden unter Druck gesetzt und es wird mit ihren Ängsten gearbeitet.
- Im Elternabend werden tatsächliche drastische Fälle von sexuellem Missbrauch als Einstiegsbeispiele thematisiert.
- Es werden Mythen zu sexuellem Missbrauch vermittelt.
- Das Klischee des männlichen Fremdtäters.
- Das Klischee des ausschließlich weiblichen Opfers.
- Der Mythos des plötzlichen, spontanen Übergriffs.
- Gesellschaftliche Vielfalt wird nicht vermittelt.
- Das Angebot bezieht sich ausschließlich auf Heterosexualität, Ehe, Nationalität und Gesundheit.
- Es fehlt an Diversity.

Tipps zum Weiterlesen

Der Paritätische Wohlfahrtsverband Landesverband NRW hat eine Broschüre zu Qualitätsstandards für Selbstsicherheitstrainings für Mädchen und Jungen gegen sexuelle Übergriffe veröffentlicht, die ausführlich das bearbeitet.

Diese ist unter folgendem Link abrufbar:
https://dgfpi.de/files/presse-medien/broschueren/qualitaetsstandards-selbstsicherheitstrainings.pdf
(Abgerufen am 10.02.2019)

Der Förderverein Kinderschutzportal e. V. hat auf seiner Homepage Qualitätsstandards für Präventionsangebote mit Kindern zusammengestellt. Auf der Homepage finden sich auch viele Links zur weiteren Vertiefung der Thematik:

http://www.schulische-praevention.de/hilfe-fuer-paedagogische-fachkraefte/projekte/qualitaetsstandards/
(Abgerufen am 10.02.2019)

Arbeitsgemeinschaft Kinder- und Jugendschutz NRW e. V. hat Trainings für Kinder und Jugendliche gegen Grenzverletzungen und sexuelle Übergriffe unter die Lupe genommen und Qualitätsstandards für Eltern und Fachkräfte entwickelt, die zur Orientierung dienen sollen.

https://dgfpi.de/files/presse-medien/broschueren/2018-02-28-Selbstsicherheitstraining-4.-Auflage.pdf (Abgerufen am 10.02.2019)

Literatur

Bange, D. (2002): Prävention mit Kindern. In: Bange, D. & Körner, W. (Hrsg.): Handwörterbuch Sexueller Missbrauch. Göttingen: Hogrefe. S. 447–455.

Hilfreiche Kontakte und Adressen

Hier finden Sie eine Auswahl an Adressen rund um die Themen Prävention, Schutzkonzepte, Beratung bei Verdacht.

Beratung und Information für Fachkräfte und Eltern

www.amyna.de

Qualifizierungsangebote, Beratung, Publikationen für Einrichtungen, Fachkräfte und Eltern (überwiegend regionale Angebote im Raum München)

www.dgfpi.de

Deutsche Gesellschaft für Prävention und Intervention bei Kindesmisshandlung, -vernachlässigung und sexualisierter Gewalt e. V.: Information, Qualifizierung zu seelischer, körperlicher und sexualisierter Gewalt an Mädchen und Jungen

www.nina-info.de

Nationale Infoline, Netzwerk und Anlaufstelle zu sexueller Gewalt an Mädchen* und Jungen*

www.kein-raum-fuer-missbrauch.de

Information und Materialien zum Thema Prävention von sexueller Gewalt und Schutzkonzepte für Eltern und Fachkräfte

Telefonische Beratung und Helplines für Kinder, Jugendliche und Erwachsene (kostenfrei & anonym)

0800 – 1110333 – Nummer gegen Kummer

Kinder- und Jugendtelefon: telefonische Beratung für Kinder,v Jugendliche und Eltern.
E-Mail-Beratung auf: www.kinderundjugendtelefon.de

0800 – 22 55 530 Hilfeportal Missbrauch

Gesamtüberblick über alle Anlaufstellen in der Bundesrepublik, auch unter www.hilfeportal-missbrauch.de

Über die Autorinnen

Anja Bawidamann

Jahrgang 1991, Sozialpädagogin (Bachelor of Arts), Sexualpädagogin (isp), ehemalige Mitarbeiterin bei AMYNA e. V.

Dort ist sie mit den Aufgabenbereichen Öffentlichkeitsarbeit und Prävention sowie Erwachsenenbildung betraut. Speziell die Prävention von sexuellem Missbrauch in digitalen Medien, der Kinder- und Jugendarbeit, im Einsatz von Ehrenamtlichen, in Bezug auf geflüchtete Kinder und Jugendliche und im Hinblick auf Zielgruppen außerhalb der Jugendhilfe (z. B. medizinisches Fachpersonal) liegen in ihrem Aufgabenbereich. Sie war bis 2019 auch Mitarbeitende der Aktion „Sichere Wiesn für Mädchen und Frauen".

Yvonne Oeffling

Jahrgang 1983, Master of Social Management, Diplom-Sozialpädagogin (FH), ist seit 2012 pädagogische Mitarbeiterin bei AMYNA e. V.

In Angeboten der Erwachsenenbildung, in Fachveröffentlichungen und in verschiedenen Projekten widmet sie sich bei AMYNA u. a. folgenden Themen: Missbrauch in Institutionen und strukturelle Ansätze der Präventionsarbeit, Leitungsverantwortung in der Prävention, Prävention und Ehrenamt sowie Kinderschutz in Stiftungen. Zudem ist sie als Expertin für die Fachberatungsstelle PräTect des Bayerischen Jugendrings tätig.

Petra Straubinger

Jahrgang 1992, Sozialpädagogin der Kinder- und Jugendhilfe (B.A.), ist seit 2017 pädagogische Mitarbeiterin bei AMYNA e. V.

Sie ist verantwortlich für das Querschnittsthema Inklusion und beschäftigt sich mit individuellen Angeboten der Erwachsenenbildung, Fachveröffentlichungen und Beratungen von Einrichtungen. Weiterhin begleitet sie Träger und Einrichtungen bei der Erstellung und Implementierung von Schutzkonzepten zur Prävention von sexuellem Missbrauch an Mädchen* und Jungen* mit und ohne Behinderung.

Miriam Zwicknagel

Jahrgang 1995, Pädagogin B.A. (Univ.) ist seit 2018 pädagogische Mitarbeiterin bei AMYNA e. V.

In ihrer Tätigkeit bietet sie bundesweit Vorträge und Fortbildungen zur Prävention von sexuellem Missbrauch an Mädchen* und Jungen*, insbesondere zu den Themen „Basisinfos zu sexuellem Missbrauch“, „Nähe & Distanz“ sowie „Schutzauftrag bei Kindeswohlgefährdung“, für Kitas und Schulen an und erstellt z. B. Schulungskonzepte für Lehrer*innen-Fortbildungen. Zusätzlich kann sie für Kita-Schulungen zur Starke-Kinder-Kiste (Petze e. V.) bei AMYNA angefragt werden.

AMYNA stellt sich vor

AMYNA e. V. setzt sich für den Schutz von Mädchen und Jungen sowie erwachsenen Schutz- und Hilfsbedürftigen vor sexuellem Missbrauch und sexuellen Übergriffen ein.

Das **Institut** ist die einzige Einrichtung in München, die ausschließlich im Vorfeld von sexueller Gewalt, also in der Prävention tätig ist. **GrenzwertICH** bietet Qualifizierungsangebote zu sexueller Gewalt durch Kinder und Jugendliche an. Der Bereich **Projekte & überregionale Angebote** hat eine bundesweite Ausrichtung.

Kein Kind kann sich alleine schützen. Daher sind die Zielgruppen unserer Arbeit die Erwachsenen, die für Kinder Verantwortung tragen.

Unsere Angebote für die Kinder- und Jugendhilfe, die Behindertenhilfe und für Schulen, sowie z. T. für Träger, die für erwachsene Schutz- und Hilfsbedürftige arbeiten:

- Elternabende im Raum München
- Beratung zu Möglichkeiten des Schutzes
- Fort- und Weiterbildungsangebote für einzelne pädagogische Fachkräfte in München und überregionale, z. T. bundesweite Inhouse-Schulungen für Teams
- die Entwicklung von Schutzkonzepten gemeinsam mit und für Träger und Leitungen von Schulen, Einrichtungen der Kinder- und Jugendhilfe, der Behindertenhilfe sowie Träger, die für erwachsene Schutz- und Hilfsbedürftige arbeiten
- schriftliche Expertisen zu Fragen im Bereich der Prävention
- Recherchemöglichkeiten in der Präsenzbibliothek von AMYNA e. V. (Infothek)
- Herausgabe von Büchern zur Prävention von sexuellem Missbrauch und zu sexueller Gewalt durch Kinder und Jugendliche
- vielfältige Formen der Öffentlichkeitsarbeit

- Informationen zu Möglichkeiten der Verdachtsabklärung und Weitervermittlung an geeignete Beratungsstellen
- Aktionen wie z. B. die „Sichere Wiesn für Mädchen und Frauen" oder „Augen auf! Schutz in M//Bädern" gemeinsam mit Kooperationspartner*innen
- Projekte zur Weiterentwicklung von Prävention

Wir arbeiten in allen Angeboten und Arbeitsfeldern parteilich, interkulturell und inklusiv.

AMYNA e. V. gehört dem Paritätischen Wohlfahrtsverband an und ist Mitglied in der Deutschen Gesellschaft für Prävention und Intervention bei Kindesmisshandlung, -vernachlässigung und sexualisierter Gewalt (DGfPI e. V.).

Das Institut zur Prävention von sexuellem Missbrauch sowie GrenzwertICH werden von der Landeshauptstadt München bezuschusst.

Über den Bereich „Projekte & überregionale Angebote“

Der Bereich „Projekte & überregionale Angebote“ wurde vom Verein AMYNA e. V. als Konsequenz der zahlreichen Anfragen gegründet, die in Folge der Aufdeckungswelle um 2010 bei den hauptberuflichen Mitarbeiterinnen des städtisch bezuschussten Instituts zur Prävention eingingen. Sehr viele dieser Anfragen kamen von außerhalb Münchens und konnten innerhalb der (städtisch bezuschussten) Arbeitszeit nicht übernommen werden.

Es wurde nach Möglichkeiten gesucht, die Motivation von Trägern, Einrichtungen und Mitarbeitenden in den umliegenden Landkreisen, aber auch z. T. bayernweit aufzugreifen und bearbeiten zu können. Dafür wurde der neue Bereich gebildet, der Personal auf eigenes Risiko zuschaltete und vorerst ohne Förderung der öffentlichen Hand außerhalb Münchens Schulungsangebote möglich machte. Damals mussten alle Personal- und Umlage- sowie Sachkosten auf die Auftraggeber*innen umgelegt werden. Mittlerweile gibt es z. T. eine Förderung durch umliegende Landkreise, sodass dort die Gebühren für Träger und Einrichtungen geringer sein können.

Ergänzt wird der Bereich durch zeitlich begrenzte Präventionsprojekte, die den Ansatz von AMYNA – Prävention fängt bei verantwortlichen Erwachsenen an – berücksichtigen und teilweise auch eine bundesweite Ausrichtung haben. Diese Projekte werden teils selbst initiiert und durchgeführt, teils von Stiftungen usw. in Auftrag gegeben.

Kontakt:

AMYNA e.V. – Projekte & überregionale Angebote

Orleansstraße 4 | Haus D, 81669 München

fon (089) 890 57 45-100 fax (089) 890 57 45-199

info@amyna.de

Weitere AMYNA-Publikationen ...

Vielfalt der Prävention entdecken!

Schutz vor sexuellem Missbrauch in Kindertagesstätten (2020)

AMYNA e. V. (Hg.)
Oeffling, Langfeldt, Straubinger, Djafarzadeh, Härtl, Zwicknagel, Bawidamann, Rudolf-Jilg, Unterstaller
Softcover, 232 Seiten

Preis: 21 € (E-Book: 14,99 €)

21,00 € (Print) ISBN: 978-3-934735-23-1
14,99 € (E-Book) ISBN: 978-3-934735-24-8

Das Buch erscheint anlässlich des 30-jährigen Jubiläums von AMYNA e. V. und stellt das umfassende Wissen und die praktischen Erfahrungen der Mitarbeiterinnen in komprimierter Form zusammen.

Keine andere Institution in Deutschland hat bislang so differenziert die verschiedenen Themenfelder der Prävention von sexuellem Missbrauch für die Praxis „übersetzt“.

Warum benötigen Kindertagesstätten Schutzkonzepte? Was sind Schutzvereinbarungen? Wie viel Nähe ist in Ordnung? Welche Distanz ist wann erforderlich? Was bedeutet gendersensible Prävention? Warum ist medienpädagogische Arbeit ein wichtiger Bestandteil des Kinderschutzes? Wie kann Elternarbeit im Schutzkonzept verankert werden? Wie lässt sich Prävention interkulturell und inklusiv bearbeiten? Was tun im Verdachtsfall?

Diesen und anderen Fragen wollen die Autorinnen nachgehen.

Prävention all inclusive

Gedanken und Anregungen zur Gestaltung institutioneller Schutzkonzepte zur Prävention von sexuellem Missbrauch an Mädchen* und Jungen* mit und ohne Behinderung (2017)

AMYNA e. V. (Hg.)
Simone Gottwald-Blaser, Adelheid Unterstaller
Softcover, 108 Seiten

19,00 € (Print) ISBN: 978-3-934735-19-4
14,99 € (E-Book) ISBN: 978-3-934735-18-7

Schutzmaßnahmen zur Prävention von sexuellem Missbrauch in Einrichtungen sind für alle Mädchen* und Jungen* wichtig. Doch wie müssen Schutzkonzepte für Einrichtungen gestaltet bzw. verändert werden, damit sie alle Kinder und Jugendlichen wirksam schützen können? Hierfür braucht es passgenaue, einrichtungsspezifische und inklusive Schutzkonzepte, die auch die Lebenssituation und die Bedarfe von Mädchen* und Jungen* mit Behinderung mitdenken und versuchen, diesen gerecht zu werden. Simone Gottwald-Blaser und Adelheid Unterstaller geben im vorliegenden Buch konkrete und praxisnahe Anregungen zur Gestaltung institutioneller Schutzkonzepte.

Mit Beispielen aus der beruflichen Praxis und hilfreichen Anregungen und Reflexionsfragen werden Leitungs- und Fachkräfte durch dieses Buch bei der Bearbeitung des Themas unterstützt.

Ziel ist es, auch bei der Prävention dem Grundsatz der Inklusion immer näher zu kommen: Es ist normal, verschieden zu sein!

Für (inklusive) Kitas empfohlen!

Gar nicht so schwer?!

Aspekte der Prävention sexueller Gewalt in Themenfeldern der Jugendarbeit (2016)

AMYNA e. V. (Hg.)
Yvonne Oeffling
Softcover, 108 Seiten

15,00 € (Print) ISBN: 978-3-934735-16-3
11,99 € (E-Book) ISBN: 978-3-934735-17-0

Mit den schnellen und herausfordernden Veränderungen in Gesellschaft und Politik werfen sich auch neue Fragen für die Kinder- und Jugendarbeit auf. Darf oder soll ich mich mit Jugendlichen auf Facebook und anderen sozialen Netzwerken befreunden? Kann ich als Jugendleiter*in eine Beziehung mit den Teilnehmenden haben? Wie ist das Posing von Jugendlichen einzuschätzen, muss ich mich damit auseinandersetzen? Was tue ich, wenn „meine“ Jugendlichen Sexfotos auf ihren Smartphones hin- und herschicken?

Das vorliegende Buch informiert praxisnah über die Möglichkeiten, als Ehrenamtliche*r oder als Fachkraft Kinder und Jugendliche vor sexuellem Missbrauch in der Jugend(verbands)arbeit zu schützen. Gar nicht so schwer!

Die langjährige Erfahrung der Autorin zeigt sich in der Bearbeitung der Themen für die Praxis.

Für Ehrenamtliche und hauptberufliche Mitarbeitende der Kinder- und Jugendarbeit empfohlen!

War doch nur Spaß ...?

Sexuelle Übergriffe durch Jugendliche verhindern (2014)

AMYNA e. V. (Hg.)
Elke Schmidt
Softcover, 136 Seiten

15,00 € ISBN 978-3-934735-15-6

Immer häufiger wird sexuelle Gewalt von Jugendlichen gegenüber Gleichaltrigen bekannt. Studien belegen, dass Mädchen* wie Jungen* alltägliche „blöde Anmache“ oder sexualisierte Beschimpfungen kennen und Jugendliche auch massivere sexuelle Gewalt durch Gleichaltrige erleben. Immer wieder werden auch Fälle von sexueller Gewalt gegenüber Kindern bekannt. Fachkräfte sind daher gefordert, hinzuschauen und bei sexueller Gewalt von Jugendlichen einzuschreiten. Sie müssen zum Schutz von Mädchen* und Jungen* präventive Maßnahmen ergreifen, die sexuelle Übergriffe weitgehend verhindern.
Der Reader bietet Fachkräften einen Überblick über den aktuellen Forschungsstand und die fachliche Diskussion zum Thema sexuelle Gewalt durch Jugendliche. Zudem gibt er Anregungen dazu, wie Einrichtungen und Fachkräfte den Schutz von Mädchen* und Jungen* vor sexuellen Grenzverletzungen durch Gleichaltrige erhöhen können.
Der Reader wurde ermöglicht durch die Auerbach Stiftung und die Georg Niedermair-Stiftung.

„Ich danke Ihnen, dass Sie sich mit diesem wichtigen Thema der Prävention von sexuellem Missbrauch befassen, das Aufmerksamkeit und eine breite Diskussion in der ganzen Gesellschaft verdient.” (Christina Ludwig, Referat Aufwachsen ohne Gewalt, Bundesministerium für Familie, Senioren, Frauen und Jugend)

Verletzliche Patenkinder – Prävention von sexuellem Missbrauch in Patenschaftsprojekten. Ein Praxishandbuch (2013)

AMYNA e. V. (Hg.)
Bianca Karlstetter, Christine Rudolf-Jilg
Softcover, 168 Seiten

19,50 € ISBN: 978-3-934735-14-9

Im Rahmen von Patenschaften werden Tausende von benachteiligten Kindern und Jugendlichen in Deutschland durch ehrenamtliche und engagierte Einzelbetreuung gefördert und unterstützt. Gleichzeitig steht fest, dass viele dieser Kinder besonders gefährdet sind, sexuell missbraucht zu werden. Die Verantwortung von Patenschaftsprojekten und Vermittlungsstellen ist daher hoch.

Mit der vorliegenden Publikation hat sich AMYNA der Fragestellung gewidmet, was Patenschaftsprojekte tun können, um den Kinderschutz im Rahmen ehrenamtlicher Patenschaften zu verbessern und zu stärken. Erstmalig werden praxisnahe Vorschläge und Maßnahmen zusammengestellt, die Patenschaftsprojekten konkret zeigen, wie sie aktiven Kinderschutz im Bereich „Prävention von sexuellem Missbrauch“ leisten können.

Wenn benachteiligte Kinder und Jugendliche, die in Einzelbetreuung von Paten und Patinnen hervorragend gefördert und unterstützt werden, zukünftig dort auch optimal vor sexuellem Missbrauch geschützt sind, wäre ein weiterer wichtiger Meilenstein in der Prävention von sexuellem Missbrauch erreicht.

Auf der Liste des Unabhängigen Beauftragten für Fragen des sexuellen Kindesmissbrauchs der Bundesregierung.

Gut gestiftet!
Geld für Prävention (2013)

AMYNA e. V. (Hg.)
Yvonne Oeffling
Softcover, 80 Seiten,
kostenfrei für Stiftungen, alle anderen gegen Schutzgebühr

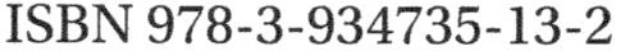

ISBN 978-3-934735-13-2

Durch Stiftungen und fördernde Institutionen fließt viel Geld in den Bereich der Kinder- und Jugendhilfe.

Mit der vorliegenden Publikation haben sich CHILDREN und AMYNA der Fragestellung gewidmet, was Stiftungen und fördernde Institutionen zum Thema systematischer Kinderschutz tun und wie sie den Kinderschutz selbst zukünftig noch mehr stärken können. Erstmalig wurden Stiftungen und fördernde Institutionen unterschiedlicher Größe befragt und als Konsequenz Instrumente zusammengestellt und beschrieben, die zeigen, wie Stiftungen und fördernde Institutionen ihren Beitrag zu aktivem Kinderschutz im Bereich „Prävention von sexuellem Missbrauch" leisten können.
Das Buchprojekt wurde ermöglicht durch die freundliche Unterstützung der Stiftung „Children for a better World e. V.".

„In Deutschland gibt es zahlreiche fördernde Stiftungen, durch die viel Geld in den Bereich der Kinder- und Jugendhilfe fließt. Die Publikation dazu enthält konkrete Vorschläge, wie Stiftungen Kinderschutz/Prävention von sexuellem Missbrauch systematisch in ihre Tätigkeit integrieren können und sollten – sowohl bei geförderten als auch bei eigenen Projekten. Ein einleitendes Kapitel über Fakten und rechtliche Rahmenbedingungen zum Kinderschutz und Folgerungen für Stiftungen und fördernde Institutionen rundet diese Publikation ab." (Projekt „Kinderschutz in Niedersachsen")

Prävention geht alle an!
Ansätze interkultureller und struktureller Prävention von sexuellem Missbrauch (2010)

AMYNA e. V. (Hg.)
Parvaneh Djafarzadeh, Christine Rudolf-Jilg
Softcover 108 Seiten

14 €   ISBN: 978-3934735118

Träger von Angeboten, Einrichtungen und Diensten sind seit den Aufdeckungen ab 2010 gefordert, den Schutz für Mädchen* und Jungen* vor sexuellem Missbrauch durch Mitarbeiter*innen kontinuierlich zu verbessern und sicherzustellen. Damit Prävention von sexuellem Missbrauch auch für Kinder verschiedener Herkunft greift, ist es zudem wichtig zu prüfen, wie Angebote für Migrant*innen gestaltet werden können, damit die Ideen des Schutzes auch für sie nutzbar zu machen sind. Denn: Häufig sprechen bereits bestehende Angebote Migrant*innen nicht an oder laufen ins Leere.
„In den vergangenen Monaten habe ich viele Veröffentlichungen über sexuellen Missbrauch gelesen. Ihre Publikation hebt sich daraus besonders hervor: qualifiziert, differenziert, positioniert und innovativ! Mir gefällt vor allem das Plädoyer für eine erwachsenenzentrierte Präventionsarbeit, der interkulturelle Blick, der Artikel über sexualisierte Gewalt in der Kinder- und Jugendarbeit sowie der Blick auf neu entstandene Arbeitsfelder, wie z. B. Patenschaftsprojekte. (Beate Vinke, Geschäftsführerin der Landesarbeitsgemeinschaft Mädchenarbeit in NRW e. V.).

Bestellung

Alle Bestellungen sind über den üblichen Buchhandel sowie über www.amyna.de möglich. Alle Buchpreise zzgl. Verpackungs- und Versandkosten. Bitte beachten Sie, dass bei Auslandsbestellungen erhöhte Porto- und Überweisungsgebühren anfallen. Bestellungen aus dem Ausland sind nur gegen Vorauskasse möglich.

AMYNA e. V.

fon (089) 890 57 45-100 fax (089) 890 57 45-199
info@amyna.de

Weitere Publikationen, weitere Informationen und die Möglichkeit der Onlinebestellung bzw. -anmeldung zu Veranstaltungen finden Sie im Internet unter **www.amyna.de.**